石油教材出版基金资助项目

高等院校特色规划教材

Web 程 序 设 计

王 颖 薛继伟 朱晓敬 孙丽娜 编著

刘显德 主审

石油工业出版社

内 容 提 要

Web 程序设计主要采用的是 ASP.NET，它提供了一种以 Microsoft .NET Framework 为基础开发 Web 应用程序的全新编程模式。本书面向初、中级用户，由浅入深、全面系统地介绍了开发 ASP.NET 程序所涉及的开发工具和运行环境、C#.NET 程序设计基础、ASP.NET 内建对象、数据库基础、ADO.NET 数据库编程和高级应用等有关内容。各章应用实例丰富，最后一章是一个大型的综合应用实例，实践性强。

本书可作为高等学校相关专业本科生教材，也可作为 ASP.NET 的培训教材或自学参考书。

图书在版编目（CIP）数据

Web 程序设计/王颖等编著．—北京：石油工业出版社，2020.11（2022.3重印）
 高等院校特色规划教材
 ISBN 978-7-5183-4292-1

Ⅰ．①W… Ⅱ．①王… Ⅲ．①网页制作工具-程序设计-高等学校-教材 Ⅳ．①TP393.092

中国版本图书馆 CIP 数据核字（2020）第 208970 号

出版发行：石油工业出版社
 （北京市朝阳区安华里2区1号楼　100011）
 网　　址：www.petropub.com
 编辑部：（010）64523694　图书营销中心：（010）64523633
经　　销：全国新华书店
排　　版：三河市燕郊三山科普发展有限公司
印　　刷：北京晨旭印刷厂

2020年11月第1版　2022年3月第2次印刷
787毫米×1092毫米　开本：1/16　印张：12.25
字数：300千字
定价：32.00元
（如发现印装质量问题，我社图书营销中心负责调换）
版权所有，翻印必究

前言

Web 程序设计是计算机技术和通信技术密切结合而形成的新的技术领域，是当今计算机界公认的主流技术之一，也是迅速发展并在信息社会中得到广泛应用的一门综合性学科。Web 程序设计主要采用的是 ASP.NET，它提供了一种以 Microsoft .NET Framework 为基础开发 Web 应用程序的全新编程模式。本书介绍了开发 ASP.NET 程序所涉及的开发工具和运行环境、C#.NET 程序设计基础、ASP.NET 内建对象、数据库基础、ADO.NET 数据库编程和高级应用等有关内容。全书共分为 8 章，各章节内容安排如下：

第 1 章为 ASP.NET 程序设计概述，首先对 ASP.NET 技术进行了概括介绍，然后介绍了 Visual Studio 2010 集成开发环境以及 ASP.NET 应用程序的开发步骤，并通过一个实例进行了演示。

第 2 章为 Web 服务器控件，主要介绍网页开发中常用的 HTML 服务器控件和标准服务器控件的使用方法，如 Label、TextBox、Button、选择类型控件等。

第 3 章为验证控件和用户控件，主要介绍常用的数据验证控件，如 RequiredFieldValidator 控件、CompareValidator 控件、RangeValidator 控件、RegularExpressionValidator 控件、CustomValidator 控件等，以及用户控件的创建和使用。

第 4 章为 ADO.NET 数据库编程，主要介绍 ADO.NET 数据访问对象的建立方法和对象之间的依存关系，主要包括 Connection 对象、Command 对象、DataReader 对象、DataAdapter 对象、DataSet 对象。

第 5 章为数据绑定和数据控件，重点介绍了数据源控件 SqlDataSource 和数据绑定控件，包括 GridView、DataList、Repeater、DetailsView 等。

第 6 章为 ASP.NET 常用对象，主要介绍 ASP.NET 中的几个内置对象的使用方法，如 Response 对象、Request 对象、Server 对象、Session 对象、Cookie 对象、Application 对象。

第 7 章为配置 ASP.NET 应用程序，主要包括使用 web.config 进行配置和使用 global.asax 进行配置。

第 8 章为自主学习资源网，通过开发一个"自主学习资源网"来演示如何综合使用多种技术进行网站开发。本章除了介绍 ASP.NET 的具体技术之外，对于需求分析、系统设计、数据库设计以及功能模块的划分都有较详细的介绍，有利于读者了解一个实际项目的开发流程。

本书具有以下几个特色：

（1）内容全面，理论基础厚实。本书全面系统地介绍 Web 程序设计开发的基础知识和具体应用，内容选择适合工科院校，理论叙述精练、简明扼要，结构安排合理、由浅入深、层次分明、重点突出，程序结构严谨规范，内容的广度和深度符合计算机专业本科培养目标。

（2）加强实际应用和实践环节。理论与实践相结合是提高软件设计能力的有效途径。Web 程序设计是一门理论和实践紧密结合的课程，要在透彻理解理论知识的基础上，通过实践性环节，逐步锻炼程序设计能力。本书不仅注重传授基础理论知识，更注重在实践环节中培养程序设计的基本技能。将程序设计能力的锻炼和提高设计为一个循序渐进的过程，从应用方法、例题、思考题等课堂讲授环节，到课后习题、上机实验、课程设计等实践性环节，精心安排"先见识、再模仿、再创新"的学习过程。精选并设计一系列例题、习题、实验题等，选题之间前后衔接，逐步深入，层层推进，使原本枯燥的理论变得生动。

（3）案例丰富，配备教学资源。本书的每一个知识点都配有合适的案例，所有案例的源代码及教学课件都随书附赠。所有实例均在 Visual Studio 2010 以及 SQL Server 2008 环境下开发运行。

本书由东北石油大学计算机与信息技术学院王颖、薛继伟、朱晓敬、孙丽娜编著，其中王颖编写了第 1、5 章，薛继伟编写了第 3、4、7 章，朱晓敬编写了第 2 章，孙丽娜编写了第 6、8 章。全书由王颖统稿，刘显德主审。在编写本书的过程中，参考了大量相关技术资料，吸取了许多同仁的经验，在此表示诚挚的谢意！同时，对支持本书出版的石油工业出版社的相关工作人员表示感谢！

由于编者水平有限，书中不妥和错误之处在所难免，恳请有关专家和广大读者批评指正。编者邮箱是 wangying@nepu.edu.cn。

编著者

2020 年 10 月

目录

第 1 章 ASP.NET 程序设计概述 ... 1
- 1.1 ASP.NET 简介 ... 1
- 1.2 ASP.NET 的开发与运行环境 ... 4
- 1.3 创建 ASP.NET Web 应用程序 ... 10
- 1.4 本章小结 ... 16
- 习题 ... 16

第 2 章 Web 服务器控件 ... 18
- 2.1 服务器控件概述 ... 18
- 2.2 HTML 服务器控件 ... 20
- 2.3 Web 服务器控件 ... 28
- 2.4 本章小结 ... 56
- 习题 ... 56

第 3 章 验证控件和用户控件 ... 57
- 3.1 验证控件 ... 57
- 3.2 用户控件 ... 73
- 3.3 本章小结 ... 78
- 习题 ... 78

第 4 章 ADO.NET 数据库编程 ... 80
- 4.1 ADO.NET 概述 ... 80
- 4.2 Connection 对象 ... 81
- 4.3 Command 对象 ... 84
- 4.4 DataReader 对象 ... 86
- 4.5 DataAdapter 对象 ... 87
- 4.6 DataSet 对象 ... 88
- 4.7 本章小结 ... 90
- 习题 ... 90

第 5 章 数据绑定和数据控件 ... 91
- 5.1 数据绑定 ... 91

5.2 数据源控件 93
5.3 GridView 控件 99
5.4 DataList 控件 115
5.5 Repeater 控件 122
5.6 DetailsView 控件 125
5.7 本章小结 131
习题 131

第6章 ASP.NET 常用对象 133

6.1 概述 133
6.2 Response 对象 134
6.3 Request 对象 136
6.4 Server 对象 139
6.5 Session 对象 141
6.6 Cookie 对象 143
6.7 Application 对象 146
6.8 本章小结 151
习题 151

第7章 配置 ASP.NET 应用程序 153

7.1 使用 web.config 进行配置 153
7.2 使用 Global.asax 进行配置 157
7.3 本章小结 160
习题 160

第8章 自主学习资源网 161

8.1 功能分析 161
8.2 数据库设计 162
8.3 数据访问和存储层的实现 165
8.4 部分功能界面 185
8.5 源码 187
8.6 本章小结 188

参考文献 188

第1章 ASP.NET 程序设计概述

ASP.NET 是 Microsoft .NET Framework 中一套用于生成 Web 应用程序和 XML Web Services 的技术。本章重点介绍 ASP.NET 的特性以及 Visual Studio 2010 集成开发环境，并通过简单的小例子阐述使用 ASP.NET 创建应用程序的基本步骤。通过本章的学习，可使读者对 ASP.NET Web 程序的开发有个初步的认识与了解。

1.1 ASP.NET 简介

ASP.NET 是微软公司为了迎接网络时代的来临，提出的一个统一的 Web 开发模型。它是对 ASP 3.0 技术的重大升级和更新，是建立在公共语言运行库上的编程框架，用于创建 Web 应用程序。

1.1.1 .NET 简介

.NET 是微软公司发布的新一代的系统、服务和编程平台，主要由.NET Framework 和 Microsoft Visual Studio .NET 开发工具组成。

.NET Framework，即.NET 框架，是.NET 应用程序开发和运行的必备条件，是微软公司为开发应用程序而创建的一个平台，其功能主要体现在统一的程序设计模式、多平台应用程序、多语言集成、对 Web 应用和服务的支持以及自动资源管理。微软公司首席执行官鲍尔默说，.NET 代表了一个集合、一个环境、一个可以作为平台支持下一代 Internet 的可编程结构。在这个平台上，可以开发 Windows 桌面应用程序、Web 应用程序、Web 服务以及其他类型的应用程序。.NET Framework 的结构如图 1.1 所示。

.NET Framework 中操作系统在最底层，向上分别是通用语言运行库、基础类库、ASP.NET 等应用程序开发技术。最上层就是经常用到的各种.NET 开发工具，每个较高的层都使用一个或多个较低的层。

.NET Framework 主要包括两个最基本的内核，即通用语言运行库（Common Language

Runtime，简称 CLR）和.NET Framework 基本类库，它们为.NET 平台的实现提供了底层技术支持。

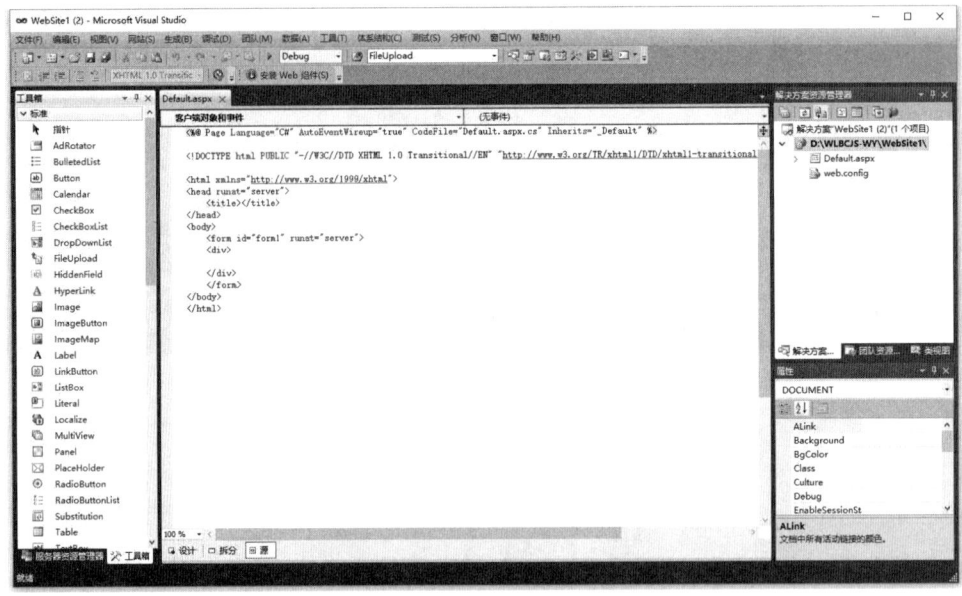

图 1.1 .NET Framework 结构

1. 通用语言运行库

通用语言运行库是.NET Framework 的基础，是.NET Framework 的运行时环境。通用语言运行库是一个在执行时管理代码的代理，以跨语言集成、自描述组件、集成安全服务为特点，提供核心服务。通用语言运行库还可强制实施严格的类型安全以及确保安全性和可靠性的其他形式的代码准确性。通用语言运行库遵循公共语言架构（CLI）标准，使 C++、C#、Visual Basic 以及 Java Script 等多种语言能够深度集成。在.NET Framework 中，用一种语言所写的代码能继承用另一种语言所写的类的实现，用一种语言所写的代码抛出的异常能被另一种语言写的代码捕获。

在.NET 平台上，所有的语言都是等价的，它们都是基于 CLR 的运行环境进行编译运行的。所有.NET 支持的语言，不管是 Visual Basic、Visual C++、C#还是 JavaScript 都是平等的。用这些语言编写的代码都被编译成一种中间代码，在公共语言运行库中运行。在技术上，这些语言与其他语言相比没有很大的区别，用户可以根据自己熟悉的编程语言进行操作。除此之外，.NET 框架提供了多平台支持，目前.NET 的跨平台性仅限于各种 Windows 操作系统，如 Windows 95/98、Windows XP、Windows NT、Windows 2000、Windows 7 和 Windows 10 等。

2. 基础类库

基础类库提供了支持底层操作的一系列通用功能，与.NET Framework 紧密集成在一起，可被.NET 支持的任何语言（C#、VB.NET、VC.NET 等）所使用。.NET Framework 中的基础类非常丰富，提供数据库访问、XML、网络通信、线程、图形图像、安全、加密等多种功能服务。这些类库使得开发人员更容易建立应用程序和网络服务，从而提高开发效率。

1.1.2　ASP.NET 与 ASP 的区别

ASP 与 ASP.NET 虽然都是微软公司的 Web 技术，但由于它们诞生的时间与背景不同，因此在开发语言、运行机制、运行环境、开发方式等方面存在较大的不同：

（1）诞生的时间不同。1996 年 11 月，Microsoft 推出了 ASP 技术。2000 年 6 月，Microsoft 发布了自己的.NET 框架，并于 2002 年 1 月推出了 ASP.NET 1.0 技术。

（2）开发语言不同。ASP 的开发语言仅局限于使用 non-type 脚本语言，而 ASP.NET 可以使用符合.NET Framework 规范的任何一种功能完善的 strongly-type 编程语言，比如 Visual Basic、C#、J#。

（3）运行机制不同。ASP 是解释型的编程框架，一边解释一边执行，因而页面的执行效率较低。ASP.NET 是编译型的编程框架，服务器上运行的是已经编译好的代码，可以利用早期绑定来实时编译，因而具有较高的执行效率。

（4）运行环境不同。ASP 的运行环境是 Windows 操作系统及 IIS，而 ASP.NET 的运行环境除了 Windows 操作系统以及 IIS 之外，还需要安装.NET Framework。

（5）开发方式不同。ASP 将用户界面层和应用程序逻辑层的代码混合在一起，因此在维护和重用方面比较困难。ASP.NET 将用户界面层和应用程序逻辑层的代码分隔开，程序的复用性和维护性都得到了较大的提高。

1.1.3　ASP.NET 的优势

1. 增强的性能

ASP.NET 是在服务器上运行的编译好的公共语言运行库代码。与早期版本不同，ASP.NET 可利用早期绑定、实时编译、本机优化和盒外缓存服务，这相当于在编写代码之前便显著提高了性能。

2. 世界级的工具支持

ASP.NET Framework 补充了 Visual Studio 集成开发环境中的大量工具箱和设计器。所见即所得（WYSIWYG）编辑、拖放服务器控件和自动部署只是这个强大的工具所提供的功能中的少数几种。

3. 灵活性

由于 ASP.NET 基于公共语言运行库，因此 Web 应用程序开发人员可以利用整个平台并且具有灵活性。.NET Framework 类库、消息处理和数据访问解决方案都可从 Web 无缝访问。ASP.NET 也与语言无关，所以可以选择最适合应用程序的语言或跨多种语言分割应用程序。另外，公共语言运行库的交互性保证在迁移到 ASP.NET 时保留基于 COM 的开发中的现有资源。

4. 简易性

ASP.NET 使执行常见任务——从简单的窗体提交和客户端身份验证到部署和站点配置变得容易。例如，ASP.NET 页框架使用户可以生成将应用程序逻辑与表示代码清楚分开的用户界面，并在类似 Visual Basic 的简单窗体处理模型中处理事件。另外，公共语言运行库利用托管代码服务（如自动引用计数和垃圾回收）简化了开发。

5. 可管理性

ASP.NET 采用基于文本的分层配置系统，简化了将设置应用于服务器环境和 Web 应用程序的工作。由于配置信息是以纯文本形式存储的，因此可以在没有本地管理工具帮助的情况下应用新设置。此"零本地管理"策略也扩展到了 ASP.NET Framework 应用程序的部署。只需将必要的文件复制到服务器，即可将 ASP.NET Framework 应用程序部署到服务器。即使是在部署或替换运行的编译代码时，也不需要重新启动服务器。

6. 可缩放性和可用性

ASP.NET 在设计时考虑了可缩放性，增加了专门用于在聚集环境和多处理器环境中提高性能的功能。另外，进程受到了 ASP.NET 运行库的密切监视和管理，以便当进程行为不正常时（泄漏、死锁），可就地创建新进程，以帮助保持应用程序始终可用于处理请求。

7. 自定义性和扩展性

ASP.NET 提供了一个设计周到的结构，它使开发人员可以在适当的级别"插入"代码。实际上，可以用自己编写的自定义组件扩展或替换 ASP.NET 运行库的任何子组件。

8. 安全性

借助内置的 Windows 身份验证和基于每个应用程序的配置，可以保证应用程序是安全的。

1.2 ASP.NET 的开发与运行环境

运行 ASP.NET 应用程序需要安装并配置其运行环境，其中包括.NET Framework 的安装以及 Internet 信息服务器（Internet Information Services，IIS）的配置等，本节基于 Windows10 系统详细讲解如何配置 ASP.NET 运行环境。

1.2.1 安装和配置 IIS

IIS 通常被称之为 Web 服务器，它是 Windows 系统提供的一个功能强大的 Internet 信息服务系统，包括 WWW 服务器、FTP 服务器和 SMTP 服务器，是架设个人网站的首选。其主要功能是响应使用者的请求，将所要浏览的网页内容传输给客户端，管理及维护 Web 站点、FTP 站点、SMTP 虚拟服务器等。

1. IIS 的安装

发布 ASP.NET Web 应用程序之前需要安装并配置 IIS。IIS 内置在 Windows 系统中，不用额外下载。但是大多数情况下，安装操作系统时不会自动安装 IIS，只能手动安装。接下来以 Windows10 操作系统环境为例，介绍 IIS 的安装步骤。

（1）依次选择"开始""控制面板""程序""程序和功能""启用或关闭 Windows 功能"命令。显示如图 1.2 所示的对话框，该对话框显示当前已经安装的程序。

（2）找到"Internet Information Services"节点，展开该节点，选中"FTP 服务器""Web 管理工具""万维网服务" 3 个选项卡下的所有子项（图 1.3），最后点击"确定"按钮进入系统安装设置，可能需要等待几分钟直到安装成功。

图 1.2 "启用或关闭 Windows 功能"对话框

图 1.3 "Windows 功能"对话框

（3）IIS 安装成功后，打开 IE 浏览器，在地址栏中输入"http://localhost/"并按 Enter 键，浏览器页面中显示 IIS 的图片（图 1.4）则说明 IIS 安装成功。

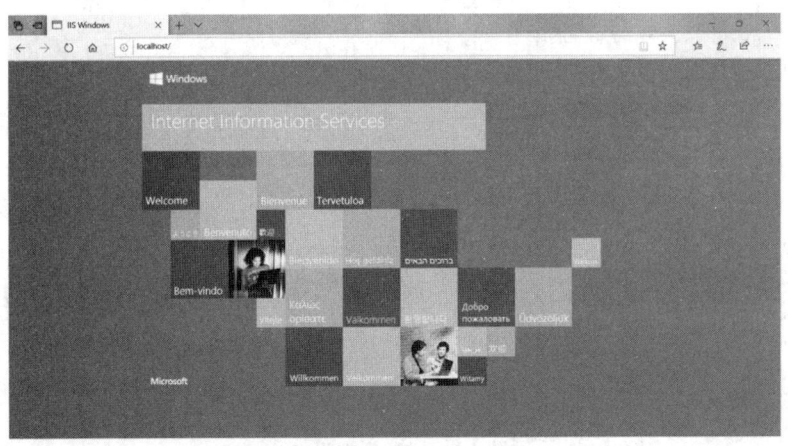

图 1.4 IIS Windows 界面

2. IIS 的配置

IIS 安装成功之后，便可对其进行配置，具体步骤如下。

（1）打开 IIS。在 C 盘根目录下创建一个名为 Itcast 的文件夹，之后依次执行"开始""控制面板""系统和安全"命令，在打开的窗口中选择右下角的"管理工具"，进入"管理工具"窗口便可看到安装成功的"Internet 信息服务（IIS）管理器"（图 1.5），双击即可打开 IIS 管理器。

图 1.5　IIS 功能视图界面

（2）添加虚拟目录。在"Internet 信息服务（IIS）管理器"管理界面依次展开根节点和"网站"节点。在"网站"节点下选中 Default Web Site 并右击，在弹出的菜单中单击"添加虚拟目录"命令。之后在对话框中虚拟目录的别名输入框中输入 Itcast，单击物理路径输入框后的省略号按钮，将物理路径设置为创建的 Itcast 文件夹的路径，之后单击"确定"按钮（图 1.6）。

图 1.6　添加虚拟目录

（3）配置运行环境。在"Internet 信息服务（IIS）管理器"窗口的目录树中选中"应用程序池"，右击，执行"添加应用程序池"命令。在弹出的对话框中输入应用程序池的名称 Itcast，在".NET Framework 版本"下拉列表框中选择.NET Framework v4.0，在"托管道模式"下拉列表框中选择"集成"（图 1.7），最后单击"确定"按钮，便完成了 IIS 的配置。

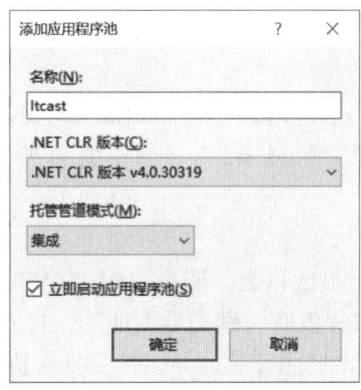

图 1.7　添加应用程序池

（4）测试 IIS 是否配置成功。将 C:\inetpub\wwwroot 目录下的 iisstart.htm 和 iisstart.png 文件复制并粘贴到 C 盘根目录下创建的 Itcast 文件夹，回到"Internet 信息服务（IIS）管理器"窗口，展开 Default Web Site 节点并双击该节点下的 Itcast 节点，在窗口右侧的"管理虚拟目录"面板中单击"浏览*：80（http）"选项即可运行当前网站。此时，浏览器地址栏中会显示网址 http://localhost/Itcast，即为当前配置的 Itcast 目录，若显示了 IIS 图片则表示 IIS 配置成功（图 1.8）。

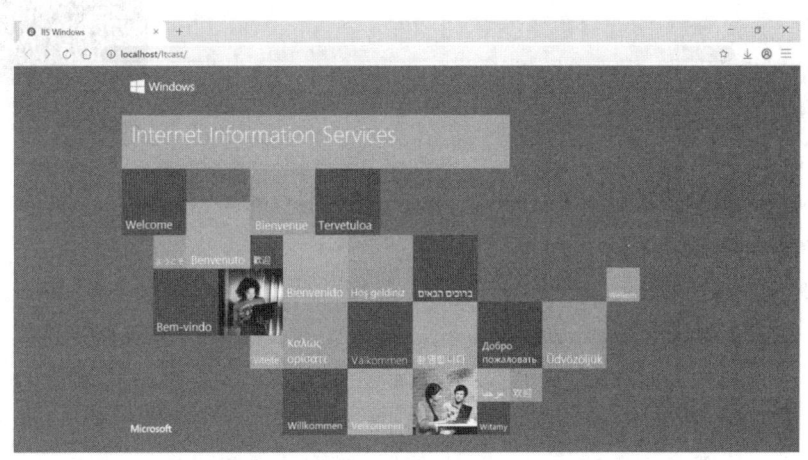

图 1.8　浏览当前网站

1.2.2　配置集成开发环境

1. Visual Studio 简介

Visual Studio 是微软公司推出的开发环境，是目前流行的 Windows 平台应用程序开发环境。Visual Studio 2010 版本于 2010 年 4 月 12 日上市，其集成开发环境的界面被重新设计和组织，变得更加简单明了。Visual Studio 2010 对应的.NET Framework 版本是 4.0，并且支持开发面向 Windows 7 的应用程序。除了 Microsoft SQL Server，它还支持 IBM DB2 和 Oracle 等数据库。

2. Visual Studio 2010 的安装

安装 Visual Studio 2010 对于系统的软硬件环境要求如下。

1）软件环境要求

支持的操作系统有 Windows 2000 Professional/Server/Advanced Server、Windows XP SP3 及更高版本、Windows Vista SP2、Windows 7。此外，还需要 Internet Explorer 5.5 以上版本浏览器。

2）硬件环境要求

CPU 为 Intel Pentium II 300 MHz 以上，磁盘空间 250MB 以上。

Visual Studio 2010 的安装过程没有特别需要说明的，打开 setup.exe 安装文件，单击"安装 Microsoft Visual Studio 2010"，按照安装向导，接受安装协议，连续单击"下一步"按钮，直到完成所有组件的安装，安装过程如图 1.9 所示。

图 1.9　Visual Studio 2010 安装过程

ASP.NET 目前能支持 C#、Visual Basic 和 J#三种语言，本书主要介绍如何使用 Visual Studio 2010 开发基于 C#编程语言的 Web 程序。因此，安装过程中为了节省空间，在语言选择页面可以只选择 Visual C#，而不需要选中 Visual Basic 等复选框。此外，安装完成之后，首次启动程序之前需要设置默认环境，即在图 1.10 所示的界面中选中"Visual C#开发设置"选项，则在接下来使用 Visual Studio 2010 开发应用程序时，默认的编程语言就是 C#。

图 1.10 选择默认环境设置

3. Visual Studio 2010 集成开发环境

Visual Studio 2010 是一个功能强大的集成开发环境，在该开发环境下可以创建 Windows 应用程序、ASP.NET 应用程序、ASP.NET 服务和控制台程序等。启动 Microsoft Visual Studio 2010，创建一个 ASP.NET Web 应用程序，进入集成开发环境，如图 1.11 所示。

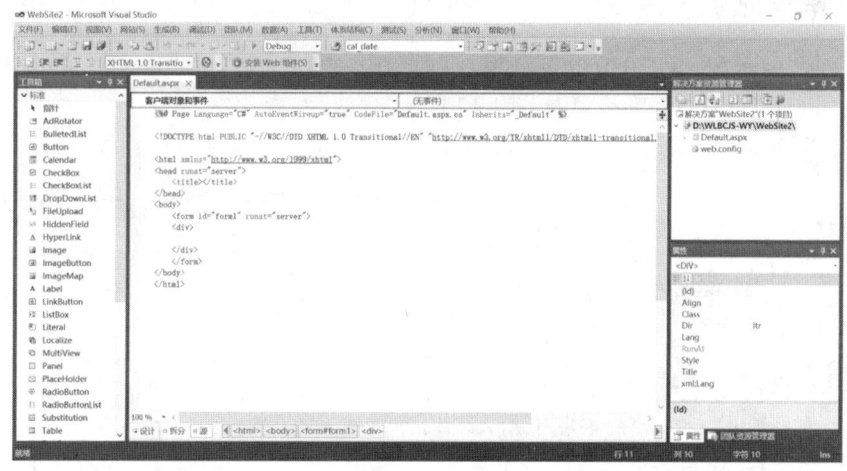

图 1.11 Visual Studio 2010 集成开发环境

从图 1.11 可知，Visual Studio 2010 集成开发环境大致分为以下 4 个区域。

（1）菜单和工具栏。

菜单中包含了 Visual Studio 2010 几乎所有的功能，从网站的创建到代码的编译运行。菜单下面是两行工具栏，其中包含了大部分常用的功能，如新建网站和新建项、保存文件、调试运行代码等，而且还可以通过右击空白处自定义工具栏。

（2）工具箱。

控件工具箱是 Visual Studio 2010 的一大特色，它为用户的开发提供了许多特有的控件。在 Web 项目的开发中，利用工具箱可以不需要编写任何代码，只使用鼠标拖拽这些工具箱中的控件就能完成 Web 表单的界面设计，并且这些控件都可跨浏览器和跨设备运行。

工具箱的内容依赖于当前所使用的设计器，也依赖于当前的项目类型。也可以自定义工具箱的标签以及标签内的项。可以右击选项卡，在快捷菜单中选择"添加选项卡""删除选项卡"或者"重命名选项卡"命令，在工具箱的空白处右击并选择"选择项"命令，就可以添加一个或者多个项。也可以将标签从一个选项卡拖放到另一个选项卡内。

（3）解决方案资源管理器。

解决方案资源管理器从本质上说是一个可视化的文档管理系统，可以把它看作整个项目的管理工具，在 Visual Studio 2010 中使用这个管理工具对站点文件进行管理非常便捷简单。解决方案的概念是在项目之上的，一个解决方案中可以包含多个相同或者不同类型的项目。在此不仅可以查看整个项目的项目文件，还可以管理项目解决方案，并在项目解决方案下根据需要添加、修改、删除子项目或者文件等，也可以对项目下的文件进行各种操作。

（4）属性。

Visual Studio 2010 是一个所见即所得的开发环境，在设计模式下，选择一个控件，就可以通过属性面板来设置该控件的属性。

1.3　创建 ASP.NET Web 应用程序

1.3.1　创建网站

（1）启动 Visual Studio 2010 开发环境，首先进入"起始页"界面。在该界面中，依次选择"文件""新建""网站"命令，如图 1.12 所示。

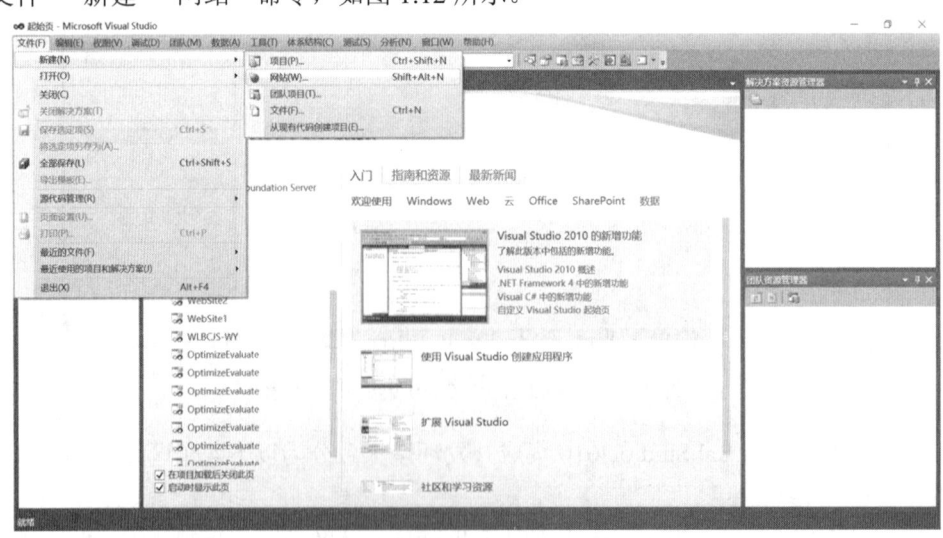

图 1.12　创建 ASP.NET 网站

(2)弹出"新建网站"对话框,在模板列表框中选择"ASP.NET 网站"选项,然后点击"浏览"按钮确定网站的位置,如图 1.13 所示。

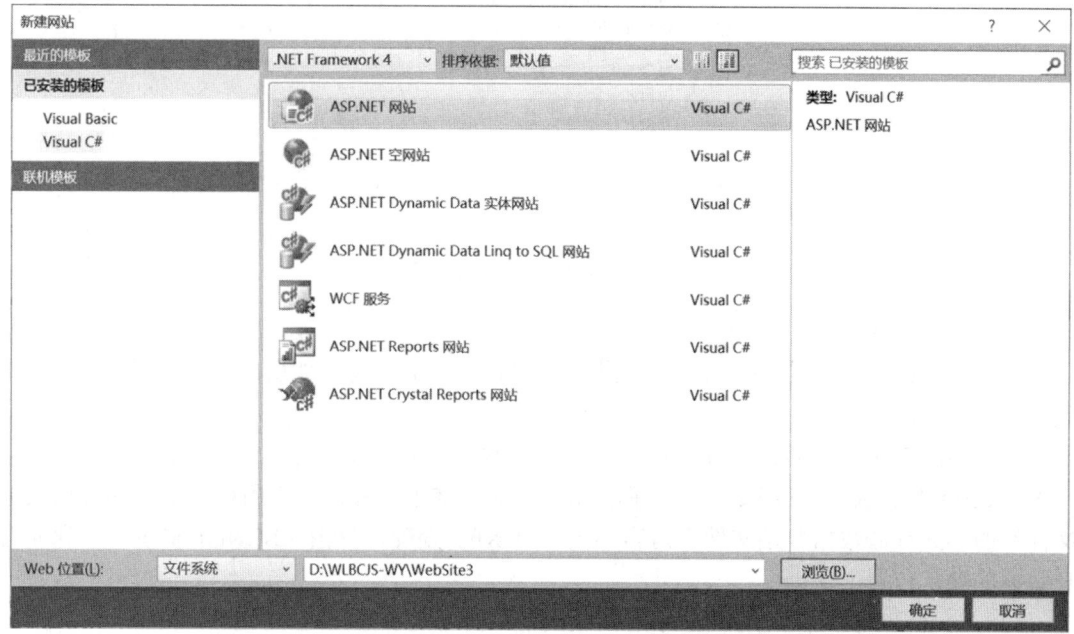

图 1.13　新建网站对话框

(3)点击"确定"按钮,即可创建一个新的网站。在创建网站的同时,开发环境会自动打开 Default.aspx 页面,此时其工作界面布局如图 1.14 所示。

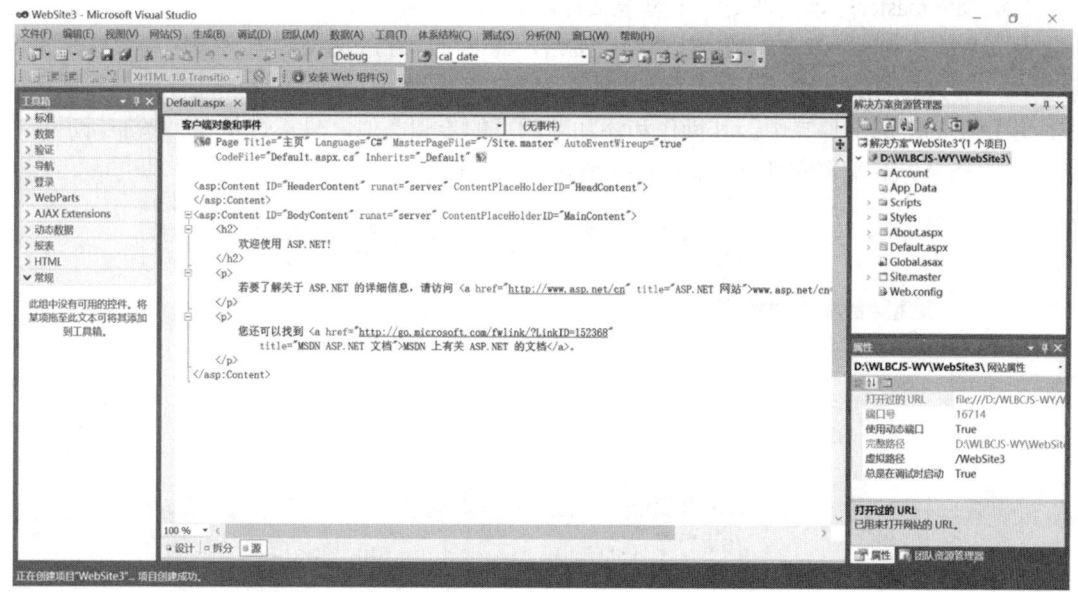

图 1.14　开发环境工作界面

在"解决方案资源管理器"面板中系统会自动生成一些文件和代码,如图 1.15 所示。

图 1.15　解决方案资源管理器

相关文件说明如下。

（1）Account：系统自动生成的有关用户管理的代码和文件，如用户登录、用户注册、修改密码等功能。

（2）App_Data：该目录存储应用程序的本地数据，通常以文件（诸如 Microsoft Access 或 Microsoft SQL Server Express 数据库、XML 文件、文本文件以及应用程序支持的任何其他文件）的形式存储数据。该文件夹内容不由 ASP.NET 处理，只由 ASP.NET 提供程序存储自身数据的默认位置。

（3）Scripts：该文件夹是 Jquery 库的代码，Jquery 是 Ajax 的技术之一。

（4）Styles：该文件夹用来保存站点的样式表文件。

（5）About.aspx：该文件是系统生成的"关于"页面。

（6）Default.aspx：该文件是站点的"默认起始"页面。

（7）Global.asax：该文件记录了站点的全局变量。

（8）Site.master：该文件是一个母版文件，类似于框架。

（9）Web.config：该文件是一个 XML 文件，其中可以存放连接数据库等应用程序配置信息。在一个 ASP.NET 应用程序中，可以出现一个或多个 Web.config，这些文件根据需要存放在应用程序的不同文件夹中。其操作和添加新网页的步骤类似，只不过是在"添加新项"对话框中选择"Web 配置文件"，如图 1.16 所示。

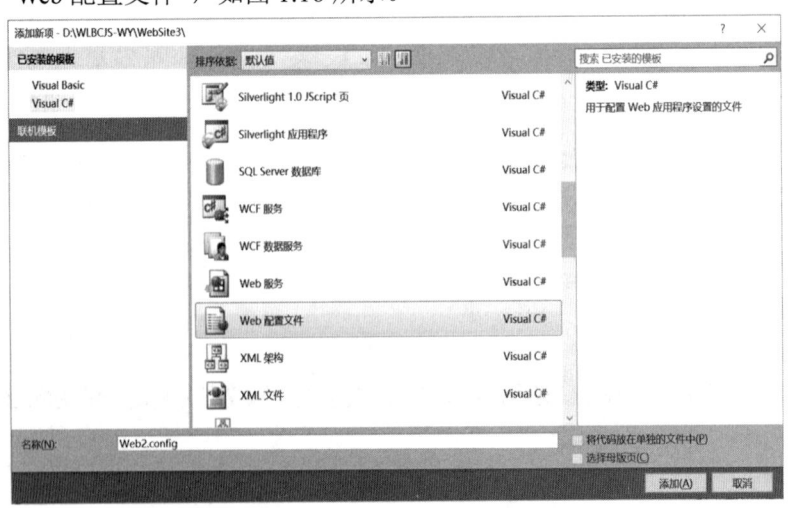

图 1.16　添加配置文件 Web.config

1.3.2 编写代码

ASP.NET 使用了代码绑定技术使代码文件（C#代码）和页面显示文件（HTML 代码）分离在不同的文档中，各自独立完成 Web 页面的逻辑功能和显示功能。然后通过一个机制将二者联系在一起，达到把 C#代码嵌入在 HTML 中的效果。在向一个 ASP.NET 程序中添加一个 Web 页面时，ASP.NET 将自动生成一个相应的 CS 文件。其中，.aspx 文件主要用于实现页面的显示，而.aspx.cs 文件用于完成页面的数据处理和逻辑功能。在"解决方案资源管理器"窗口会发现每个页面对应两个文件，例如默认的 Web 页面对应 Default.aspx 和 Default.aspx.cs。

在"解决方案资源管理器"中要添加页面的位置右击，在弹出的快捷菜单中选择"添加新项"，在弹出的对话框中选择"Web 窗体"，并修改名字，如图 1.17 所示。点击"添加"后，会生成 FirstWebPage.aspx 和 FirstWebPage.aspx.cs 两个文件。

图 1.17 添加 Web 页面

1. HTML 代码

在 FirstWebPage.aspx 文件中编写前台代码（图 1.18）。在 Visual Studio 2010 中一个 Web 页包含设计视图、拆分视图和源视图三部分，默认打开源视图（图 1.19）。其中"拆分视图"即把设计视图和源视图都打开，上下对照来进行编辑。

2. 后台代码

每一个 Web 页面都有一个对应的.aspx.cs 文件，专门负责处理该页面的逻辑事务。进入每个 Web 页面对应的逻辑功能代码编辑页面，添加相应的代码即可。大多数 ASP.NET 网页的代码都在事件处理程序中用来处理 Web 控件事件。在 Visual Studio 中，编程人员可以通过双击"设计"视图中的控件或者从"属性"面板中选择对象的事件进入相应的事件处理程序或者在.aspx 页面中右键点击"查看代码"进入代码编写页面。

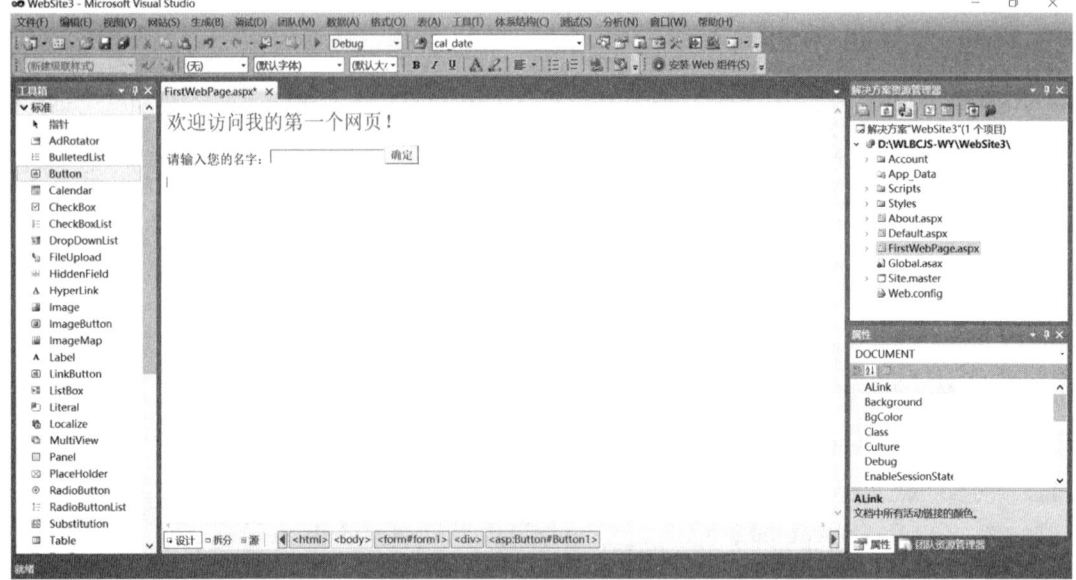

图1.18　设计视图中添加控件

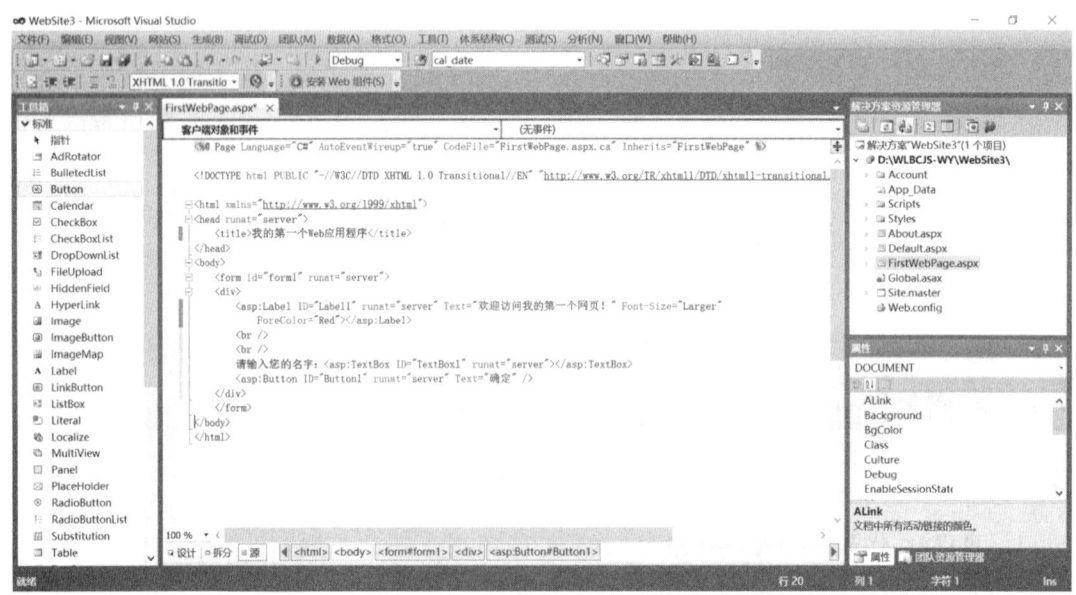

图1.19　源视图中通过 HTML 标记设计 Web 页面

本例中，当页面加载时在页面中显示"欢迎您！"，可通过编写代码实现。打开"FirstWebPage.aspx.cs"文件或者在"FirstWebPage.aspx"页面空白处双击鼠标或者在"FirstWebPage.aspx"页面右键"查看代码"，则会进入代码编辑窗口，在 Page_Load 中添加代码即可（图1.20）。

以上代码调用了 Web 程序设计中的 Response 对象的 Write 方法，在页面中输出相应的内容。

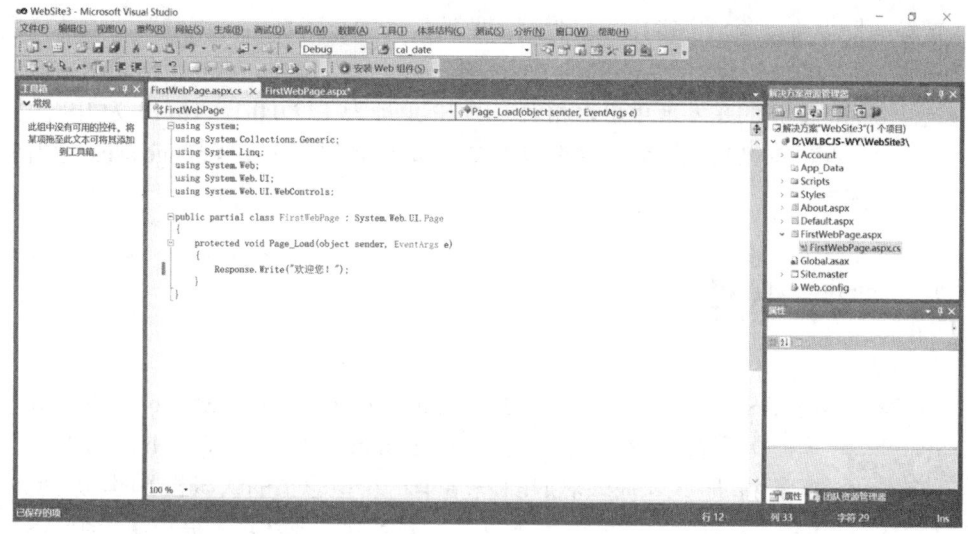

图 1.20　代码编辑窗口

1.3.3　运行程序

点击工具栏中的"启动调试"按钮，或者按 F5 键可运行程序，当第一次运行网站时，会弹出"未启用调试"对话框，如图 1.21 所示。在该对话框中一般选中前一个，然后单击"确定"按钮运行程序，运行结果如图 1.22 所示。

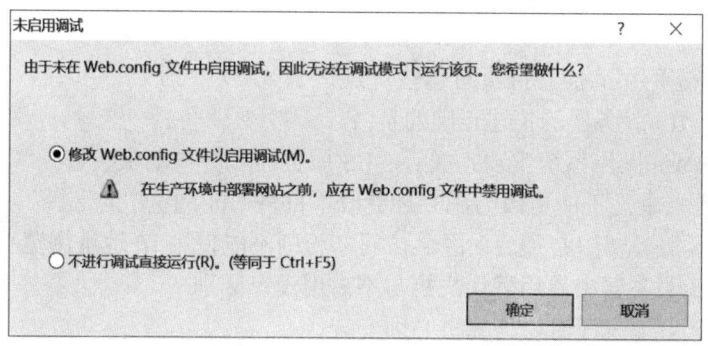

图 1.21　"未启用调试"对话框

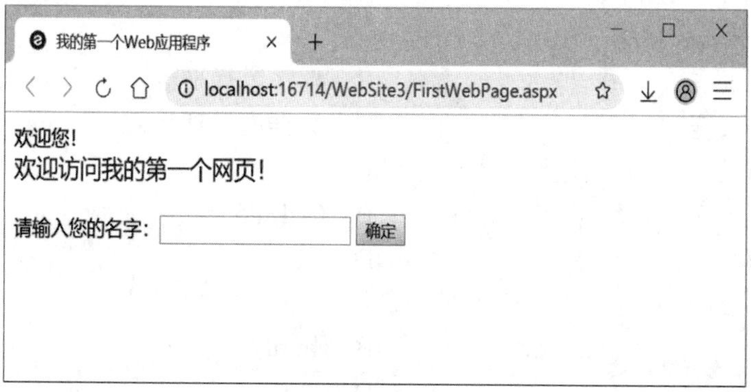

图 1.22　程序运行结果

从运行结果中可以看出，程序运行时以浏览器的方式显示页面。浏览器的地址栏里显示内容为 http：//localhost：16714/WebSite3/FirstWebPage.aspx，其中，http 是传输网站信息所使用的协议；localhost 指的是本地主机，相对应的 IP 地址为 127.0.0.1；16714 为 IIS 的服务器端口，是随机分配的；WebSite3 为当前请求的 Web 站点名称；FirstWebPage.aspx 为当前请求的 Web 页面文件名称。

1.4 本章小结

第 1 章源码包

本章首先介绍了 ASP.NET 的特点、.NET 框架的组成以及 Visual Studio 2010 集成开发环境，最后详细介绍了如何使用 Visual Studio 2010 创建 Web 应用程序。通过本章学习，大家应该对.NET 平台有一个概念上的认识和了解，并能够完成 IIS 的配置以及 VS.NET 的安装，熟悉其开发环境，完成第一个 ASP.NET Web 程序的编写。同时，对 Web 程序的结构及其运行机制有一定的了解。本章学习的重点是客户端技术、服务器技术以及 Visual Studio 2010 开发环境；难点是理解客户端和服务器端技术的基础上，掌握 Visual Studio 2010 集成开发环境的使用，并能够完成简单应用程序的开发。

习题

1. 什么是静态网页？静态网页有哪些特点？
2. 下面关于 IIS 服务器的描述正确的是（　　）。
   A．Windows 操作系统安装完成后，IIS 服务器就会自动安装好
   B．IIS 主目录是不能更改的，一旦更改项目将不能浏览
   C．在 IIS 服务器中必须启动匿名访问，否则不能使用 IP 地址浏览页面
   D．在 IIS 服务器中启用默认文档与不启用没有区别
3. 运行 ASP.NET 程序时，计算机必须安装（　　）。
   A．NET Framework 和 IIS　　　　B．VS.NET
   C．C#和 VB.NET　　　　　　　　D．ASP.NET
4. .NET Framework 是一种（　　）。
   A．编程语言　　　　　　　　　　B．程序运行平台
   C．操作系统　　　　　　　　　　D．数据库管理系统
5. 要使程序立即运行，需要按（　　）键。
   A．F5　　　　　　　　　　　　　B．Ctrl+F5
   C．F10　　　　　　　　　　　　D．F11
6. 下面（　　）是静态网页文件的扩展名。
   A．.net　　　　　　　　　　　　B．.html
   C．.aspx　　　　　　　　　　　D．.jsp
7. （　　）浏览器只能解释 HTML 和 JavaScript 代码，不能解释后台代码。

8．（   ）页面<HEAD>标签是可有可无的，而<BODY>标签是必不可少的。
9．（   ）JavaScript 脚本在发送到客户端时，需要将其编译成 HTML 代码。
10．什么是 Web 服务器？
11．什么是 C/S 结构？什么是 B/S 结构？两者的区别是什么？
12．举例说明静态网页与动态网页有什么区别。
13．动态网页技术有哪几种？简述各自的特点。
14．简述.NET 框架结构的组成。
15．IIS 的全称是什么？尝试在自己的电脑上配置 IIS。
16．Visual Studio 2010 集成开发环境包含哪几部分？简述每一部分的功能以及操作方法。
17．简述 ASP.NET 应用程序的开发步骤。
18．使用 Visual Studio 2010 制作一个用户登录界面，当用户输入用户名并单击"确定"按钮后，在网页中显示当前用户的名称。
19．为什么要将页面的前台 HTML 与后台 C#代码分开，它们分别被保存在哪个文件中？
20．ASP.NET 的优点是什么？
21．Visual Studio 2010 的三种视图方式是什么？
22．创建一个简单的 Web 应用程序，实现用户名的输入与显示，如图 1.23 所示。

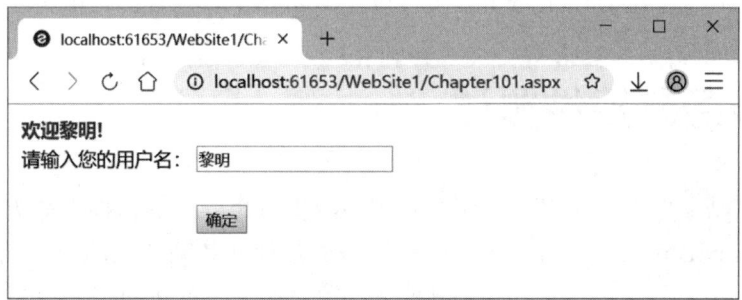

图 1.23   运行结果图

第 2 章 Web 服务器控件

ASP.NET 之所以具有方便开发和快捷的特性，关键在于它有一组强大的控件库，包括 HTML 服务器控件、Web 服务器控件、用户控件等。服务器控件是在服务器端运行的，它与代码和标记一起被包含在页面中，在初始化时服务器控件会根据用户浏览器的版本生成适合浏览器的 HTML 代码，虽然这些控件类似于常见的 HTML 元素，但它包括了一些相对复杂的行为。本章将详细介绍 HTML 服务器控件以及 Web 服务器控件的常用属性、方法和事件。

2.1 服务器控件概述

ASP.NET Web 程序设计采用了面向对象的编程思想，服务器控件即为一系列类，例如 Button 类、TextBox 类等。每一个具体的服务器控件便是某个类的一个具体实例，称之为对象，例如在页面上新创建的按钮对象 Button1 便是 Button 类的一个实例。ASP.NET 服务器控件包含在 ASP.NET 页面中，当运行页面时，用户与控件进行交互，当页面被提交时，控件可在服务器端引发事件，服务器端则会根据相关事件处理程序来进行事件处理。

图 2.1 "工具箱"中的"HTML"子面板

2.1.1 服务器控件的分类

服务器控件的特点是拥有 runat="server" 属性，当 ASP.NET 网页执行时，.NET 会检查页面上的标签有无 runat="server" 属性，如果没有就会被直接发送到客户端的浏览器进行解析，如果有则表示该控件可以被 .NET 程序所控制，需要等到程序执行完毕，再将执行结果发送到客户端浏览器。按照定义方式将服务器控件分为两大类：HTML 服务器控件和 Web 服务器控件。

1. HTML 服务器控件

ASP.NET 提供了许多 HTML 服务器控件，它们是由 HTML 控件转换而来，HTML 控件位于"工具箱"中的"HTML"子面板下，如图 2.1 所示。HTML 控件运行在客户端，由原始的 html 标签生成，直接被客户端浏览器解释，而 HTML 服务器控件和其他 Web 服务器控件运行在服务器端，是在服务器端运行后生成静态代码，然后传给客户端浏览器。可通过将这些 HTML 控件添加到页面上，再添加 runat="server"属性将其转换为 HTML 服务器控件。

2. Web 服务器控件

HTML 服务器控件功能有限，ASP.NET 还提供了很多 Web 服务器控件，这些 Web 服务器控件比 HTML 服务器控件提供了更多的内置功能。

2.1.2　服务器控件的创建

1. 从"工具箱"中将控件拖拽到页面

在"工具箱"中找到要创建的控件，通过鼠标左键拖拽到页面上或者双击控件即可在页面上创建相应的控件。添加成功后，在"设计"视图中会出现该控件，在"源"视图中会出现该控件对应的 HTML 标记。

例如，从工具箱的"标准"面板中找到 TextBox 控件并双击，则可在页面中创建一个文本框控件，在"源"视图中自动生成如下代码：

```
<asp:TextBox ID="TextBox1" runat="server"></asp:TextBox>
```

其中，ASP.NET 中的标准服务器控件以 asp: 为标识；该标识后面的 TextBox 表示控件的类型；ID 表示控件在页面中的唯一标识，用于在.aspx.cs 文件中调用该控件的属性和方法；runat="server"用于表示其为服务器控件。

例如，在工具箱的"HTML"面板中找到 Input（Text）控件并鼠标左键拖拽到页面中，则可在页面中创建一个 Text 控件，在"源"视图中自动生成如下代码：

```
<input id="Text1" type="text" />
```

其中，input 标记用于生成相应的输入控件；id 是控件在页面中的唯一标识；type 设定该控件的类型，取值为 text 表明是文本类控件。

此时还未将其转换为 HTML 服务器控件，可通过在"源"视图中找到该控件的 HTML 标记，并在对应的代码中添加 runat="server"属性即可将其转换为 HTML 服务器控件，添加后的代码如下：

```
<input id="Text1" type="text" runat="server" />
```

2. 在"源"视图中编辑 HTML 代码创建控件

切换到页面的"源"视图，在其中添加 HTML 代码即可创建相应的控件，代码需加在 form 标记内：

```
<body>
    <form id="form1" runat="server">
```

```
<div>
    <asp:Label ID="Label1" runat="server" Text="你好"></asp:Label>
</div>
</form>
</body>
```

以上的例子便可在当前页面中创建一个 Label 标签。

2.2 HTML 服务器控件

2.2.1 HTML 服务器控件简介

HTML 服务器控件就是通常所说的 HTML 语言标记,这些语言标记在以往的静态页面和其他网页里存在,不能在服务器端控制,只能在客户端通过 JavaScript 和 VBScript 等程序语言来控制,例如:

```
<input id="Text1" type="text" />
```

在 HTML 标记中加入 runat="server"属性即可将 HTML 标记转化为 HTML 服务器控件。二者的运行方式不同,HTML 标记运行在客户端,而 HTML 服务器控件运行在服务器端。当 ASP.NET 网页执行时,会检查标记中有无 runat="server"属性,如果标记中没有该属性,那么 HTML 标记会被视为字符串,并被送到字符串流等待送到客户端,客户端的浏览器会对其进行解释;如果 HTML 标记中设定了 runat="server"属性,Page 对象会将其放入控制器,服务器端的代码就能对其进行控制,等到控制执行完毕后再将 HTML 服务器控件的执行结果转换成 HTML 标记,然后当成字符串流发送到客户端进行解释。

HTML 服务器控件常用的公共属性及说明见表 2.1。

表 2.1 HTML 服务器控件常用的公共属性

属性	说　明	语法格式
Attributes	获取或设置 HTML 服务器控件的所有属性值	对象名称.Attributes（"属性名"）=值 对象名称.Attributes.Add（"属性名"，"值"）;
Style	获取或设置 HTML 服务器控件的 CSS 样式属性值	对象名称.Style（"CSS 属性"）=值 对象名称.Style.Add（"CSS 属性"，"值"）;
Parent	引用在执行期间的父对象来源,也可以指向父对象	对象名称.Parent
Disabled	启用或停用 HTML 服务器控件	对象名称.Disabled=True|False
Visible	设定是否显示 HTML 服务器控件	对象名称.Visible=True|False
Value	获取或设置与输入控件关联的值	对象名称.Value=字符串
Type	获取输入控件的类型	type="控件类型"
InnerHtml	用 HTML 格式来显示标记间的内容	对象名称.InnerHtml=字符串
InnerText	用纯文本来显示标记间的内容	对象名称.InnerText=字符串

2.2.2 常用的 HTML 服务器控件

在"工具箱"中的"HTML"子面板下找到要添加的控件，鼠标左键拖拽或者双击，在"源"视图中为该控件添加 runat="server"属性即可将其转换为 HTML 服务器控件。添加完成后，编程人员可在"源"视图中修改控件的属性，也可以在"设计"视图中通过属性窗口修改相应的属性值。

1. 按钮控件 Input（Button）

（1）控件创建示例如下：

```
<input id="Button1" type="button" value="button" runat="server" />
```

（2）控件的常用属性有：
- id 属性：控件的唯一标识。
- type 属性：取值为 button，表明是一个按钮。
- value 属性：控件上显示的文字。

（3）为其添加单击事件的方法是：在"源"视图中为其添加 onserverclick 事件，并输入事件名称，代码如下：

```
<input id="Button2" type="button" value="确定" runat="server" onserverclick=
"btn_ok"/>
```

在.aspx.cs 文件中编写相对应的单击事件，代码如下：

```
protected void btn_ok(object sender, EventArgs e)
{
    Response.Write("HelloWorld");
}
```

2. 单行文本框 Input（Text）

（1）控件创建示例如下：

```
<input id="Text1" type="text" runat="server" />
```

（2）控件的常用属性有：
- type 属性：取值为 text，表明是一个输入框。
- size 属性：文本框的宽度。
- maxlength 属性：文本框中允许输入的最大字符数。

3. 密码框 Input（Password）

Input（Password）控件用于在页面中创建一个单行密码输入框，其使用方法与单行文本框 Input(Text)完全相同，唯一的区别就是 type 属性不同，密码框控件的 type 属性为 password。
控件创建示例如下：

```
<input id="Password1" type="password" runat="server" />
```

4. 单选按钮 Input（Radio）

Input（Radio）控件用于在页面中创建一个单选按钮控件。

（1）代码创建实例如下：

```
<input id="Radio1" type="radio" runat="server" />
```

（2）控件的常用属性有：
- type 属性：取值为 radio，表明是一个单选按钮。
- checked 属性：表示单选按钮是否被选中，取值为 true 或 false。
- name 属性：利用 name 属性对页面中的单选按钮进行分组，具有相同 name 属性的多个单选按钮为一组，同一组内的单选按钮只能选中一个。代码如下：

```
<input id="Radio1" type="radio" runat="server" value="男" name="sex" checked="true" />男
<input id="Radio2" type="radio" runat="server" value="女" name="sex" />女
```

5. 复选框 Input（Checkbox）

Input（Checkbox）控件用于在页面中创建一个复选框控件。

（1）代码创建实例如下：

```
<input id="Checkbox1" type="checkbox" runat="server" />
```

（2）控件的常用属性有：
- type 属性：取值为 checkbox，表明是一个复选框。
- checked 属性：表示复选框是否被选中，取值为 true 或 false。

6. 文件上传框 Input（File）

Input（File）控件用于在页面中创建一个文件上传框，从浏览器向服务器上传文件。

（1）代码创建实例如下：

```
<input id="File1" type="file" runat="server" />
```

（2）控件的常用属性有：
- PostedFile.FileName 属性：返回上传的文件所在的路径。
- PostedFile.SaveAs 属性：将文件上传并保存到指定目录下。
- PostedFile.Contentlength 属性：获取文件大小。

7. 多行文本框 TextArea

TextArea 控件用于在页面中创建一个多行文本输入框，使用方法与 Input（Text）基本相同。

（1）代码创建实例如下：

```
<textarea id="TextArea1" cols="20" rows="2" runat="server"></textarea>
```

（2）控件的常用属性有：
- Cols 属性：获取或设置控件的列数。
- Rows 属性：获取或设置控件的行数。

8. 下拉框 Select

Select 控件用于创建下拉列表框（下拉菜单），并通过 option 元素创建列表中的选项，供用户从中选择。在每个 option 元素中，通过 value 属性定义每个选项的值，通过 selected 属性指定该选项被默认选中。在 <option>和</option>之间的文本为该选项的显示值。Select 控件支持单选，也支持多选，默认情况下 Select 控件是单选的，即用户只能从下拉列表中选择一项。提交表单时，Select 元素的 name 属性值，以及所有被选中的 option 元素的 value 属性值，都将会被提交到服务器端。

（1）代码创建实例如下：

```
<select id="Select1" runat="server">
    <option value="教师">教师</option>
    <option value="工程师" selected>工程师</option>
    <option value="科学家">科学家</option>
</select>
```

（2）控件的常用属性有：

● multiple 属性：列表就支持多选，就可以有多个选项被同时选中，也可以让多个选项默认被选中。代码如下：

```
<select id="Select1" runat="server" multiple>
    <option value="教师">教师</option>
    <option value="工程师" selected>工程师</option>
    <option value="科学家" selected>科学家</option>
</select>
```

● size 属性：支持多选后，就可以通过 size 属性来定义可见的选项数目。size 属性的值必须大于 0，否则设置无效，并使用浏览器的默认值。如果 size 属性的值小于选项的个数，就会显示为一个有滚动条的列表。

9. Div

通过为 div 增加 id 和 runat="server"属性，可将其转换为 HTML 服务器控件，在后台可对其进行操作。

（1）代码创建实例如下：

```
<div id="info" runat="server">
</div>
```

（2）控件的常用属性有：
● InnerHtml：用 HTML 格式来显示标记间的内容。
● InnerText：用纯文本来显示标记间的内容。

2.2.3　HTML 服务器控件综合示例

例 2.1 利用 HTML 服务器控件制作一个简单的个人信息填写界面，实现姓名、密码、性别、爱好、职业、简介、照片信息的录入，页面布局如图 2.2 所示。点击"确定"按钮后，用户填写的信息在下方的 div 中展示出来，效果如图 2.3 所示。

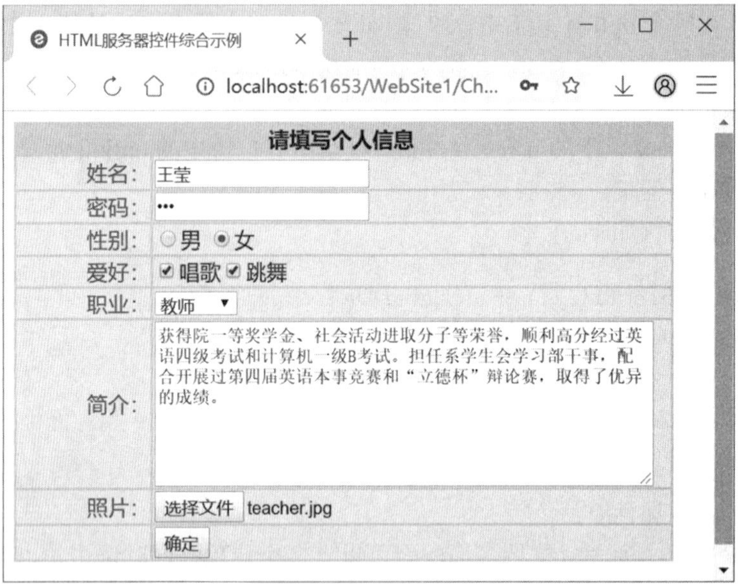

图 2.2 个人信息页面布局

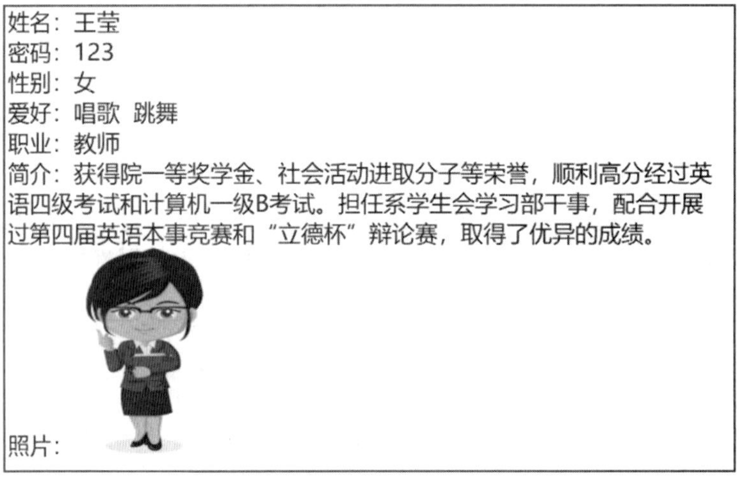

图 2.3 填写的个人信息在 Div 中显示

提示：在编码前需要在程序中建立 img 文件夹，用于存放用户上传的照片。
"源"视图代码如程序清单 2.1 所示。

【程序清单 2.1】文件 Chapter201.aspx 的代码

```
<%@ Page Language="C#" AutoEventWireup="true" CodeFile="Chapter201.aspx.cs" Inherits="Chapter201" %>
<!DOCTYPE html PUBLIC "-//W3C//DTD XHTML 1.0 Transitional//EN" "http://www.w3.org/TR/xhtml1/DTD/xhtml1-transitional.dtd">
<html xmlns="http://www.w3.org/1999/xhtml">
<head runat="server">
    <title>HTML 服务器控件综合示例</title>
```

```html
<style type="text/css">
    .tabL
    {
        text-align: right;
        color: Red;
        width: 120px;
        background-color: bisque;
    }
    .tabR
    {
        text-align: left;
        width: 400px;
        background-color: bisque;
    }
    #TextArea1
    {
        height: 118px;
        width: 379px;
    }
</style>
</head>
<body style="width: 506px">
    <form id="form1" runat="server">
    <div>
        <table style="width: 101%; background-color: #FFCCFF;">
            <tr>
                <td colspan="2" style="text-align: center">
                    <strong>请填写个人信息</strong>
                </td>
            </tr>
            <tr>
                <td class="tabL">
                    姓名:
                </td>
                <td class="tabR">
                    <input  id="txtName"  runat="server"  type="text"  /> 
    
                </td>
            </tr>
            <tr>
                <td class="tabL">
                    密码:
                </td>
                <td class="tabR">
                    <input id="txtPwd" runat="server" type="password" />
                </td>
            </tr>
```

```html
<tr>
    <td class="tabL">
        性别:
    </td>
    <td class="tabR">
        <input id="Radio1" runat="server" checked="true" name="sex" type="radio" value="男" />男
        <input id="Radio2" runat="server" name="sex" type="radio" value="女" />女
    </td>
</tr>
<tr>
    <td class="tabL">
        爱好:
    </td>
    <td class="tabR">
        <input id="Checkbox1" runat="server" type="checkbox" value="唱歌" />唱歌<input id="Checkbox2"
            runat="server" type="checkbox" value="跳舞" />跳舞
    </td>
</tr>
<tr>
    <td class="tabL">
        职业:
    </td>
    <td class="tabR">
        <select id="Select1" name="D1" runat="server">
            <option value="教师">教师</option>
            <option value="工程师">工程师</option>
            <option value="科学家">科学家</option>
        </select>
    </td>
</tr>
<tr>
    <td class="tabL">
        简介:
    </td>
    <td class="tabR">
        <textarea id="TextArea1" runat="server" name="S1"></textarea>
    </td>
</tr>
<tr>
    <td class="tabL">
        照片:
    </td>
    <td class="tabR">
```

```
                <input id="File1" runat="server" type="file" />
            </td>
        </tr>
        <tr>
            <td class="tabL">
                 
            </td>
            <td class="tabR">
                <input id="Button2" runat="server" onserverclick="btn_ok" type="button" value="确定" />
            </td>
        </tr>
    </table>
    <div id="info" runat="server">
        <br />
    </div>
</div>
</form>
</body>
</html>
```

Chapter201.aspx.cs 代码如程序清单 2.2 所示。

【程序清单 2.2】文件 Chapter201.aspx.cs 的代码

```
using System;
using System.Collections.Generic;
using System.Linq;
using System.Web;
using System.Web.UI;
using System.Web.UI.WebControls;

public partial class Chapter201: System.Web.UI.Page
{
    protected void Page_Load(object sender, EventArgs e)
    {
    }
    protected void btn_ok(object sender, EventArgs e)
    {
        //先将选择文件上传到服务器 img 文件夹下
        string picName = File1.PostedFile.FileName.ToString();//文件名
        string savePath = Server.MapPath("./") + "img\\" + picName; //存放位置及名称
        File1.PostedFile.SaveAs(savePath);
        //显示用户填写的信息和照片
        string message = "";
        message += "姓名:" + txtName.Value.ToString() + "<br />";
        message += "密码:" + txtPwd.Value.ToString() + "<br />";
```

```
            //性别
            if (Radio1.Checked)
            {
                message += "性别:" + Radio1.Value.ToString() + "<br />";
            }
            else if (Radio2.Checked)
            {
                message += "性别:" + Radio2.Value.ToString() + "<br />";
            }
            //爱好
            if (Checkbox1.Checked || Checkbox2.Checked)
            {
                message += "爱好:";
                if (Checkbox1.Checked)
                {
                    message += Checkbox1.Value.ToString() + "  ";
                }
                if (Checkbox2.Checked)
                {
                    message += Checkbox2.Value.ToString() + "  ";
                }
            }
            else
            {
                message += "爱好:无";
            }
            message += "<br />";
            //职业
            message += "职业:" + Select1.Value.ToString() + "<br />";
            //简介
            message += "简介:" + TextArea1.Value.ToString() + "<br />";
            //显示图片
            message += "照片:<img src='img\\" + picName + "' width='100px' height='140px' />";
            //在div中显示
            info.InnerHtml = message;
    }
}
```

2.3 Web 服务器控件

2.3.1 Web 服务器控件简介

Web 服务器控件是 ASP.NET 应用程序中最常用的控件,这类服务器控件内置于 ASP.NET 框架中,Web 服务器控件位于 System.Web.UI.WebControls 命名空间中。所有的 Web 服务器控件都从 WebControl 基类派生，与 HTML 服务器控件相比，Web 服务器控件提供一个相对抽象的、一致的编程模型。相对抽象是指 Web 服务器控件不必像 HTML 服务器控件一样必须与 HTML 标签一一对应，事实上很多复杂的 Web 服务器控件所输出的客户端代码非常复杂。一致的编程模型实现了所有控件通用的大量属性，如 Font、Enabled、Forecolor、Backcolor 等。属性名称和方法名称是挑选过的，以提高整个框架和控件的一致性，可有助于减少编程错误。Web 服务器控件还能够自动检测浏览器，根据客户端浏览器类型创建适用于浏览器的输出。

2.3.2 Web 服务器控件基本属性

ASP.NET 提供了几个所有 Web 服务器控件都具有的特性，WebControl 基类提供的属性见表 2.2。

表 2.2 Web 服务器控件的基类提供的属性

名称	说明
AccessKey	获取和设置允许用户快速导航的快捷键。比如设置为 H，可以使用 Alt+H 组合键来让控件具有焦点
Attributes	获取与控件的属性不对应的任意特性的集合
BackColor	获取和设置背景色
BorderColor	获取和设置边框颜色
BorderStyle	获取和设置边框样式，为枚举类型，如实线、虚线等
BorderWidth	获取和设置边框的宽度
CssClass	返回或设置与控件关联的 CSS 样式。CSS 样式可以在页面源代码<style>中进行定义，也可以使用一个单独的 CSS 文件
SkinID	获取或设置要应用于控件的外观
ID	获取或设置控件的唯一标识
Enabled	返回或设置空间的允许状态，如果设为 False，则控件显示为灰色
EnableTheming	获取或设置一个值，该值指示是否对此控件应用主题
EnableViewState	获取或设置一个值，该值指示服务器控件是否向发出请求的客户端保持自己的视图状态以及它所包含的任何子控件的视图状态
Visible	获取或设置控件是否在页面上显示
Font	设置字体信息
ForeColor	返回或设置前景色
Height	获取或设置控件高度
TabIndex	用来指定 Tab 顺序的数字
ToolTip	当用户鼠标经过时显示一个文本消息
Width	返回或设置控件的宽度

2.3.3 Label 控件

Label 控件是一种基本控件，其提供了一种以编程方式设置 Web 窗体页中文本的方法。

通常用于在页面固定位置显示文本时使用，一般不用于触发事件，不能获得输入焦点，用户无法编辑。

一般形式为：

`<asp:Label ID="Label1" runat="server" Text="请输入用户名:"></asp:Label>`

后台对其属性进行获取或设置的方法有：

Label1.Text = "请填写用户信息"；

Label1.ForeColor = System.Drawing.Color.Blue；

Label1.Font.Size = FontUnit.Small；

Label 控件常用属性见表 2.3。

表 2.3　Label 控件常用属性

名称	说　　明
Text	获取或设置控件的文本内容
BackColor	获取和设置背景色
BorderStyle	获取和设置边框样式，为枚举类型，如实线、虚线等
Font	设置字体信息
ForeColor	返回或设置前景色
Visible	获取或设置控件是否在页面上显示
ID	获取或设置控件的唯一标识
Width	返回或设置控件的宽度
Height	获取或设置控件高度

2.3.4　TextBox 控件

TextBox 控件是一种基本控件，为用户提供一种 Web 窗体中输入信息的方法，如文本、数字和日期等，利用 TextMode 属性可以设置为单行、多行和密码三种形式文本框。

一般形式为：

`<asp:TextBox ID="txtSno" runat="server"></asp:TextBox>`

后台对其属性进行获取或设置的方法有：

txtSno.Text = "请在此输入您的用户名"；

txtSno.TextMode = TextBoxMode.MultiLine；

txtSno.Rows = 5；

txtSno.Columns = 5；

TextBox 控件常用属性和事件见表 2.4。

表 2.4　TextBox 控件常用属性和事件

名称	说　　明
Text	获取或设置控件的文本内容
TextMode	文本框类型：Single——单行文本框，Multiline——多行文本框，Password——密码框

续表

名称	说明
BackColor	获取和设置背景色
Rows	获取或设置多行文本框中显示的行数
Columns	获取或设置文本框中显示的宽度
Maxlength	控件最多可容纳的字符数
Enabled	控件是否可用
Visible	获取或设置控件是否在页面上显示
ID	获取或设置控件的唯一标识
AutoPostBack	在文本修改之后，是否自动回发到服务器
Width	返回或设置控件的宽度
TextChanged	当文本框的内容更改时触发的事件

2.3.5 Button 控件

Web 服务器空间提供 3 种类型的按钮：标准命令按钮（Button）、超级链接式按钮（LinkButton）和图形化按钮（ImageButton），三种按钮控件都用来引发服务器端的事件，并执行事件处理程序。

1. Button 控件

一般形式为：

`<asp:Button ID="btnOk" runat="server" onclick=" btnOk_Click" Text="确定" />`

Button 控件常用属性和事件见表 2.5。

表 2.5 Button 控件常用属性和事件

名称	说明
Text	获取或设置控件的文本内容
Enabled	控件是否可用
PostBackUrl	单击 Button 控件时从当前页将要跳转到的目标网页的 URL
onclick	单击 Button 按钮时响应的事件

2. LinkButton 控件

LinkButton 控件是 Button 控件与 HyperLink 控件的结合，实现具有超级链接样式的按钮。在功能上 LinkButton 和 Button 控件非常相似，定义方法也相同。需要注意的是，LinkButton 在客户端浏览器上表现为 JavaScript，因此只有当客户端浏览器启用 JavaScript 后才能正常运行。

一般形式为：

`<asp:LinkButton ID="LinkButton1" runat="server" PostBackUrl="~/Chapter201.aspx">确定</asp:LinkButton>`

3. ImageButton 控件

ImageButton 控件在外观上与 Image 控件相似，具有 ImageUrl、ImageAlign 和 AlternateText 属性。在功能上，ImageButton 控件与 Button 非常相似。

一般形式为：

```
<asp:ImageButton ID="ImageButton1" runat="server" ImageUrl="~/img/summer.jpg" onclick="ImageButton1_Click" />
```

4. Label 控件、TextBox 控件、Button 控件使用示例

例 2.2 利用 Web 服务器控件中的 Label 控件、TextBox 控件、Button 控件实现一个简单的用户注册功能，运行结果如图 2.4 所示。要求：将用户填写的信息集中显示在 Label 控件中，点击"重置"按钮可清空页面中文本控件的输入内容，页面整洁。

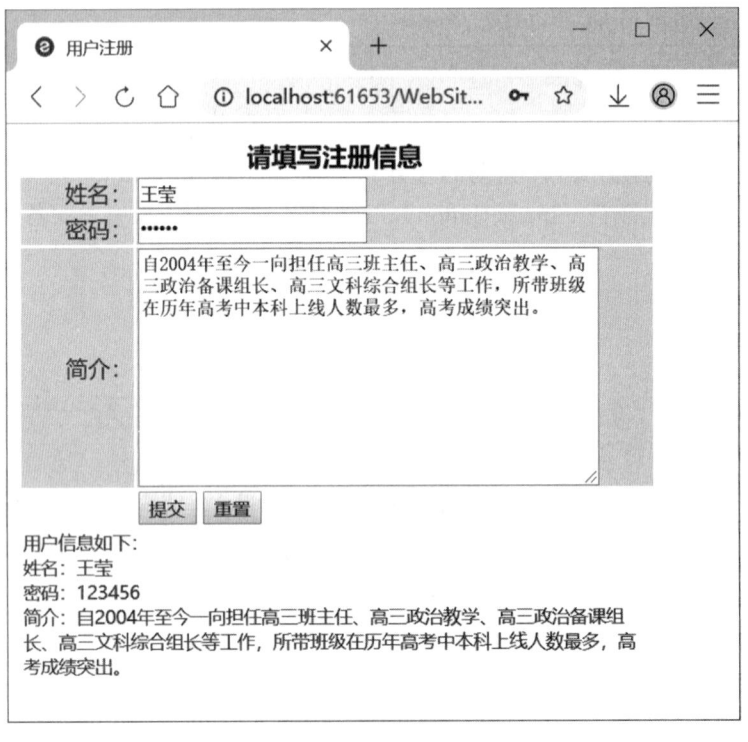

图 2.4　程序运行结果

提示：在为控件设置 ID 值时，采用骆驼命名法，以增强程序的可读性。如：TextBox 的默认 ID 为 TextBox1，但随着页面中文本框的增多，TextBox1 不能很好地区分每一个文本框，因此可根据其输入的内容修改 ID 为"txtName"或"txtUserName"等，做到见名知意。

"源"视图代码如程序清单 2.3 所示。

【程序清单 2.3】文件 Chapter202.aspx 的代码

```
<%@ Page Language="C#" AutoEventWireup="true" CodeFile="Chapter202.aspx.cs" Inherits="Chapter202" %>
```

```html
<!DOCTYPE html PUBLIC "-//W3C//DTD XHTML 1.0 Transitional//EN"
"http://www.w3.org/TR/xhtml1/DTD/xhtml1-transitional.dtd">
<html xmlns="http://www.w3.org/1999/xhtml">
<head runat="server">
    <title>用户注册</title>
    <style type="text/css">
        .tabL
        {
            text-align: right;
            color: Red;
            width: 120px;
            background-color: bisque;
        }
        .tabR
        {
            text-align: left;
            width: 400px;
            background-color: bisque;
        }
        .style1
        {
            text-align: center;
            font-size: large;
        }
        .style2
        {
            width: 400px;
        }
    </style>
</head>
<body>
    <form id="form1" runat="server">
    <table style="width: 460px">
        <tr>
            <td colspan="2" class="style1">
                <strong>请填写注册信息 </strong>
                <asp:TextBox ID="TextBox1" runat="server"></asp:TextBox>
            </td>
        </tr>
        <tr>
            <td class="tabL">
                姓名：
            </td>
            <td class="tabR">
                <asp:TextBox ID="txtName" runat="server"></asp:TextBox>
            </td>
```

```
            </tr>
            <tr>
                <td class="tabL">
                    密码:
                </td>
                <td class="tabR">
                    <asp:TextBox ID="txtPwd" runat="server" TextMode="Password">
</asp:TextBox>
                </td>
            </tr>
            <tr>
                <td class="tabL">
                    简介:
                </td>
                <td class="tabR">
                    <asp:TextBox ID="txtInfo" runat="server" Height="160px" TextMode=
"MultiLine" Width="326px"></asp:TextBox>
                </td>
            </tr>
            <tr>
                <td>
                </td>
                <td class="style2">
                    <asp:Button ID="btnOk" runat="server" Text=" 提交 " OnClick=
"btnOk_Click" />
                    <asp:Button ID="btnReset" runat="server" OnClick="btnReset_
Click" Text="重置" />
                </td>
            </tr>
            <tr>
                <td colspan="2">
                    <asp:Label ID="lblMessage" runat="server"
                        style="font-size: small; color: #0066FF"></asp:Label>
                </td>
            </tr>
        </table>
    </form>
</body>
</html>
```

Chapter202.aspx.cs 代码如程序清单 2.4 所示。

【程序清单 2.4】文件 Chapter202.aspx.cs 的代码

```
using System;
using System.Collections.Generic;
using System.Linq;
using System.Web;
```

```csharp
using System.Web.UI;
using System.Web.UI.WebControls;

public partial class Chapter202: System.Web.UI.Page
{
    protected void Page_Load(object sender, EventArgs e)
    {

    }
    //确定
    protected void btnOk_Click(object sender, EventArgs e)
    {
        string content = "用户信息如下:<br />";
        content = content + "姓名:" + txtName.Text.ToString() + "<br />";
        content = content + "密码:" + txtPwd.Text.ToString() + "<br />";
        content = content + "简介:" + txtInfo.Text.ToString() + "<br />";
        lblMessage.Text = content;
    }
    //重置
    protected void btnReset_Click(object sender, EventArgs e)
    {
        txtName.Text = "";
        txtPwd.Text = "";
        txtInfo.Text = "";
    }
}
```

2.3.6 选择类型控件

1. RadioButton 控件

RadioButton 控件用于在页面上创建一个单选按钮，RadioButton 控件控件的一般形式为：

`<asp:RadioButton ID="radioMan" runat="server" Checked="True" Text="男" GroupName="Group1" />`

RadioButton 控件的常用属性和事件见表 2.6。

表 2.6 RadioButton 控件常用属性和事件

名称	说　　明
Text	设置 RadioButton 控件的文本内容
Checked	获取或设置单选按钮是否处于选中状态
GroupName	获取或设置单选按钮所属群组，同一群组内的单选按钮同时只能有一个被选中
AutoPostBack	设定当使用者选择不同的选项时是否自动触发 CheckedChanged 事件
CheckedChanged	当控件的选中状态发生改变时触发该事件

例如：

```
<asp:RadioButton ID="radioMan" runat="server" Checked="True" Text="男" GroupName="Group1" />
<asp:RadioButton ID="radioGirl" runat="server" Text="女" GroupName="Group1" />
```

两个 RadioButton 的 GroupName 属性均为 Group1，使得二者为同一组，同时只能选择一个。

2. RadioButtonList 控件

多个 RadioButton 控件通过相同的 GroupName 属性可形成一个单选按钮列表，除此之外在 Web 服务器控件中还提供了一个单选按钮列表控件 RadioButtonList，通过其 Items 属性可创建不同的选项供用户进行选择。RadioButtonList 控件还支持以数据连接方式从数据库中提取信息设定其选择项，其一般形式为：

```
<asp:RadioButtonList ID="RadioButtonList1" runat="server" RepeatDirection="Horizontal">
    <asp:ListItem Selected="True">老虎</asp:ListItem>
    <asp:ListItem>狮子</asp:ListItem>
    <asp:ListItem>大熊猫</asp:ListItem>
    <asp:ListItem>长颈鹿</asp:ListItem>
</asp:RadioButtonList>
```

RadioButtonList 控件的常用属性和事件见表 2.7。

表 2.7　RadioButtonList 控件常用属性和事件

名称	说明
Items	获取或设置控件中的选择项
SelectedIndex	获取控件中被选定项的索引，从 0 开始
SelectedItem	获取控件中被选定项
SelectedValue	获取控件中被选定项的值
RepeatDirection	控件水平显示（Horizontal）还是垂直显示（Vertical）
RepeatColumns	每行显示的个数
TextAlign	设定文字在按钮的左侧还是右侧，默认 right
SelectedIndexChanged	当控件中被选中的项发生改变时触发该事件

在"设计"视图中可在属性面板中找到 Items 属性，点击省略号按钮可打开如图 2.5 所示的对话框设置 RadioButtonList 中的选择项。

其中，Text 属性用于指定每一个列表项显示的文本；Value 属性可设定与该列表项关联的值，但不用显示在页面中，如 Text 属性可设定为学生名，Value 属性可设定为该学生的学号；Selected 属性用于指定该项是否被选中。

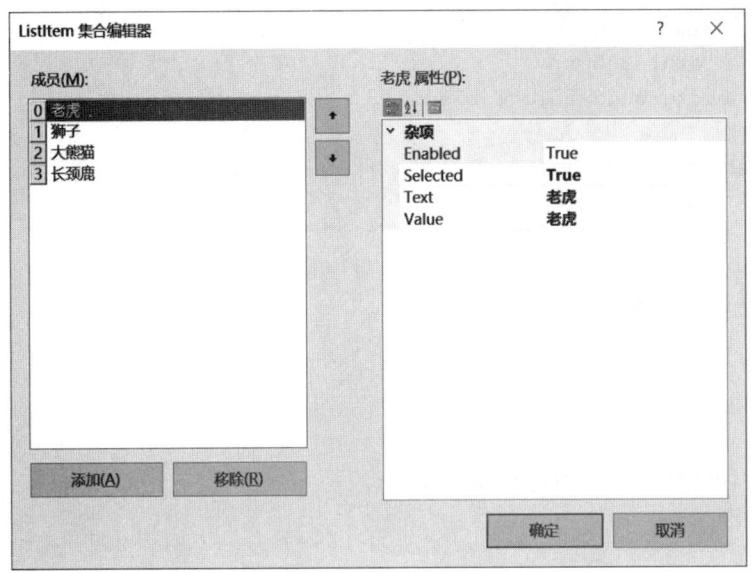

图 2.5　Items 属性的设置

例 2.3　分别使用 RadioButton 控件 RadioButtonList 控件实现如下功能，运行结果如图 2.6 所示。

图 2.6　程序运行结果

"源"视图代码如程序清单 2.5 所示。

【程序清单 2.5】文件 Chapter203.aspx 的代码

```
<%@ Page Language="C#" AutoEventWireup="true" CodeFile="Chapter203.aspx.cs"
Inherits="Chapter203" %>
<!DOCTYPE html PUBLIC "-//W3C//DTD XHTML 1.0 Transitional//EN" "http://
www.w3.org/TR/xhtml1/DTD/xhtml1-transitional.dtd">
<html xmlns="http://www.w3.org/1999/xhtml">
<head id="Head1" runat="server">
   <title>Chapter203</title>
   <style type="text/css">
      .tabL
      {
         text-align: right;
```

```
                color: Red;
                width: 300px;
                background-color: bisque;
            }
            .tabR
            {
                text-align: left;
                width: 350px;
                background-color: bisque;
            }
        </style>
    </head>
    <body>
        <form id="form2" runat="server">
        <table>
            <tr>
                <td colspan="2" class="style1">
                    <asp:Label ID="lblMessage" runat="server" Style="font-size: small; color: #0066FF"></asp:Label>
                </td>
            </tr>
            <tr>
                <td class="tabL">
                    请选择你最喜欢的运动：
                </td>
                <td class="tabR">
                    <asp:RadioButton ID="radioPpq" runat="server" Checked="True" Text="乒乓球" GroupName="Group1" />
                    <asp:RadioButton ID="radioLq" runat="server" Text="篮球" GroupName="Group1" />
                </td>
            </tr>
            <tr>
                <td class="tabL">
                    请选择你最喜欢的小动物：
                </td>
                <td class="tabR">
                    <asp:RadioButtonList ID="RadioButtonList1" runat="server" RepeatDirection="Horizontal">
                        <asp:ListItem Selected="True">老虎</asp:ListItem>
                        <asp:ListItem>狮子</asp:ListItem>
                        <asp:ListItem>大熊猫</asp:ListItem>
                        <asp:ListItem>长颈鹿</asp:ListItem>
                    </asp:RadioButtonList>
                </td>
            </tr>
            <tr>
```

```
            <td class="tabL">
            </td>
            <td class="tabR">
                <asp:Button ID="btnOk" runat="server" Text="提交" OnClick=
"btnOk_Click" />
            </td>
        </tr>
    </table>
    </form>
</body>
</html>
```

Chapter203.aspx.cs 代码如程序清单 2.6 所示。

【程序清单 2.6】文件 Chapter203.aspx.cs 的代码

```
using System;
using System.Collections.Generic;
using System.Linq;
using System.Web;
using System.Web.UI;
using System.Web.UI.WebControls;

public partial class Chapter203: System.Web.UI.Page
{
    protected void Page_Load(object sender, EventArgs e)
    {
    }
    protected void btnOk_Click(object sender, EventArgs e)
    {
        string content = "";
        if (radioPpq.Checked)
        {
            content = radioPpq.Text + "<br />";
        }
        else
        {
            content = radioLq.Text + "<br />";
        }
        content = "我最喜欢的球类是：" + content + "我最喜欢的小动物是：
"+RadioButtonList1.SelectedItem.Text;
        lblMessage.Text = content;
    }
}
```

3. CheckBox 控件

CheckBox 控件表示实现单个复选框，将多个 CheckBox 控件放置在页面上，可为用户提

供多项选择,其一般形式为:

```
<asp:CheckBox ID="CheckBox1" runat="server" Text="唱歌" />
```

CheckBox 控件的常用属性和事件见表 2.8。

表 2.8　CheckBox 控件常用属性和事件

名称	说　　明
Text	设置 RadioButton 控件的文本内容
Checked	获取或设置单选按钮是否处于选中状态
TextAlign	设定文字在按钮的左侧还是右侧,默认为 right
AutoPostBack	设定当使用者选择不同的选项时是否自动触发 CheckedChanged 事件
CheckedChanged	当控件的选中状态发生改变时触发该事件

4. CheckBoxList 控件

CheckBoxList 控件用来创建多项选择复选框组,该复选框组可以通过将控件绑定到数据源动态创建。CheckBoxList 控件的常用属性和事件与 RadioButtonList 控件类似,在此处不再赘述。

例 2.4　分别使用 CheckBox 控件 CheckBoxList 控件实现如下功能,运行结果如图 2.7 所示。

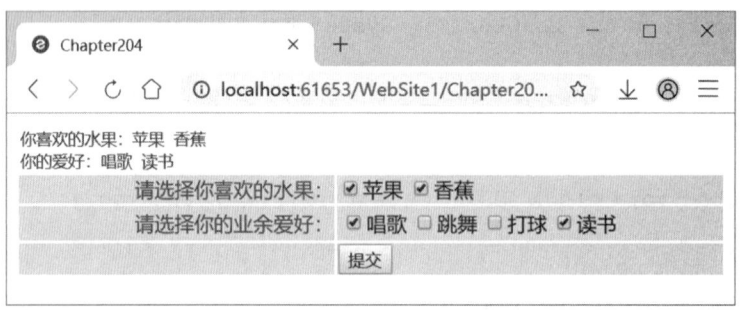

图 2.7　程序运行结果

"源"视图核心代码如程序清单 2.7 所示。

【程序清单 2.7】文件 Chapter204.aspx 的核心代码

```
    <table>
      <tr>
        <td colspan="2" class="style1">
          <asp:Label ID="lblMessage" runat="server" Style="font-size: small; color: #0066FF"></asp:Label>
        </td>
      </tr>
      <tr>
        <td class="tabL">
          请选择你喜欢的水果:
```

· 40 ·

```
            </td>
            <td class="tabR">
                <asp:CheckBox ID="chbApple" runat="server" Text="苹果" />
                <asp:CheckBox ID="chbBanana" runat="server" Text="香蕉" />
            </td>
        </tr>
        <tr>
            <td class="tabL">
                请选择你的业余爱好:
            </td>
            <td class="tabR">
                <asp:CheckBoxList ID="chblHobby" runat="server" Repeat
Direction="Horizontal">
                    <asp:ListItem>唱歌</asp:ListItem>
                    <asp:ListItem>跳舞</asp:ListItem>
                    <asp:ListItem>打球</asp:ListItem>
                    <asp:ListItem>读书</asp:ListItem>
                </asp:CheckBoxList>
            </td>
        </tr>
        <tr>
            <td class="tabL">
            </td>
            <td class="tabR">
                <asp:Button ID="btnOk" runat="server" Text=" 提交 " OnClick=
"btnOk_Click" />
                 
            </td>
        </tr>
    </table>
```

Chapter204.aspx.cs 核心代码如程序清单 2.8 所示。

【程序清单 2.8】文件 Chapter204.aspx.cs 的核心代码

```
    protected void btnOk_Click(object sender, EventArgs e)
    {
        string message = "";
        if (chbApple.Checked || chbBanana.Checked)
        {
            message += "你喜欢的水果:";
            if (chbApple.Checked)
            {
                message += chbApple.Text.ToString() + "  ";
            }
            if (chbBanana.Checked)
            {
                message += chbBanana.Text.ToString() + "  ";
```

```
        }
    }
    else
    {
        message += "你喜欢的水果:无" ;
    }
    message += "<br />";
    string selectItems = "";
    for (int i = 0; i < chblHobby.Items.Count; i++)
    {
        if (chblHobby.Items[i].Selected)
        {
            selectItems += chblHobby.Items[i].Text.ToString() + "  ";
        }
    }
    if (selectItems != "")
    {
        message += "你的爱好:" + selectItems + "<br />";
    }
    else
    {
        message += "你的爱好:无<br />";
    }
    lblMessage.Text = message;
}
```

5. DropDownList 控件

DropDownList 控件是用户可以从单项选择下拉列表框中进行选择,只能实现单选功能。DropDownList 控件的一般形式为:

```
<asp:DropDownList ID="ddlProvince" runat="server" AutoPostBack="True"
            onselectedindexchanged="DropDownList1_SelectedIndexChanged">
            <asp:ListItem>黑龙江省</asp:ListItem>
            <asp:ListItem>辽宁省</asp:ListItem>
            <asp:ListItem>吉林省</asp:ListItem>
</asp:DropDownList>
```

DropDownList 控件的常用属性和事件见表 2.9。

表 2.9 DropDownList 控件常用属性和事件

名称	说明
Items	获取或设置控件中的列表项集合
SelectedItem	获取或设置被选中项
SelectedValue	获取或设置被选中项的值
SelectedIndex	获取或设置被选中项的索引,从 0 开始

续表

名称	说　　明
DataSource	设置对象，数据绑定控件从该对象中检索其数据项列表
AutoPostBack	当控件中被选择的项发生改变后，是否自动回发到服务器
SelectedIndexChanged	当控件中被选择的项发生改变时触发

 例 2.5 利用 DropDownList 控件实现如下功能，运行结果如图 2.8 所示。页面中有两个 DropDownList 控件分别用来显示省份和城市，当通过第一个 DropDownList 控件选择不同的省份时，第二个 DropDownList 控件需要显示该省份下的城市。

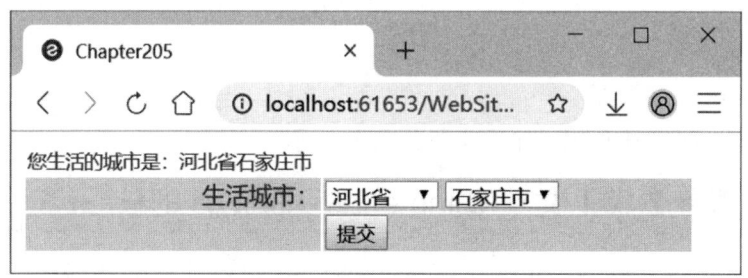

图 2.8　程序运行结果

提示：需要为第一个 DropDownList 控件添加 SelectedIndexChanged 事件，并修改其 AutoPostBack 属性为 True，使得其选择项发生改变时触发该事件。在事件中判断选择的省份，并利用程序向第二个 DropDownList 控件中添加城市。

"源"视图核心代码如程序清单 2.9 所示。

【程序清单 2.9】文件 Chapter205.aspx 的核心代码

```
    <table>
        <tr>
            <td colspan="2" class="style1">
                <asp:Label ID="lblMessage" runat="server" Style="font-size: small; color: #0066FF"></asp:Label>
            </td>
        </tr>
        <tr>
            <td class="tabL">
                生活城市:</td>
            <td class="tabR">
                <asp:DropDownList ID="ddlProvince" runat="server" AutoPostBack="True"
onselectedindexchanged="ddlProvince_SelectedIndexChanged">
                    <asp:ListItem>黑龙江省</asp:ListItem>
                    <asp:ListItem>辽宁省</asp:ListItem>
                    <asp:ListItem>河北省</asp:ListItem>
```

```
            </asp:DropDownList>
            <asp:DropDownList ID="ddlCity" runat="server">
            </asp:DropDownList>
        </td>
    </tr>
    <tr>
        <td class="tabL">
        </td>
        <td class="tabR">
            <asp:Button ID="btnOk" runat="server" Text="提 交" OnClick="btnOk_Click" />
        </td>
    </tr>
</table>
```

Chapter205.aspx.cs 核心代码如程序清单 2.10 所示。

【程序清单 2.10】文件 Chapter205.aspx.cs 的核心代码

```
protected void Page_Load(object sender, EventArgs e)
{
    if (!IsPostBack)
    {
        SetDdlCity(ddlProvince.SelectedItem.Text.ToString());
    }
}


protected void ddlProvince_SelectedIndexChanged(object sender, Event Argse)
{
    SetDdlCity(ddlProvince.SelectedItem.Text.ToString());
}

public void SetDdlCity(string province)
{
    if (province == "黑龙江省")
    {
        ddlCity.Items.Clear();
        ddlCity.Items.Insert(0, "大庆市");
        ddlCity.Items.Insert(1, "哈尔滨市");
    }
    else if (province == "吉林省")
    {
        ddlCity.Items.Clear();
```

```
            ddlCity.Items.Insert(0, "长春市");
            ddlCity.Items.Insert(1, "吉林市");
        }
        else if (province == "河北省")
        {
            ddlCity.Items.Clear();
            ddlCity.Items.Insert(0, "石家庄市");
            ddlCity.Items.Insert(1, "唐山市");
        }
    }
    protected void btnOk_Click(object sender, EventArgs e)
    {
        lblMessage.Text = "您生活的城市是:" + ddlProvince.SelectedItem.Text+ddlCity.SelectedItem.Text;
    }
```

 本例中,Page_Load 事件中的 IsPostBack 判断有何作用?

6. ListBox 控件

ListBox 控件允许用户从列表中选择一项或多项,ListBox 控件的一般形式为:

```
<asp:ListBox ID="ListBox1" runat="server" Height="106px" Rows="2"
        SelectionMode="Multiple" Width="191px">
        <asp:ListItem>Java 程序设计</asp:ListItem>
        <asp:ListItem>网络编程技术</asp:ListItem>
        <asp:ListItem>可视化程序设计</asp:ListItem>
        <asp:ListItem>教育心理学</asp:ListItem>
        <asp:ListItem>软件工程</asp:ListItem>
</asp:ListBox>
```

ListBox 控件的常用属性和事件见表 2.10。

表 2.10 ListBox 控件常用属性和事件

名称	说明
Items	获取或设置控件中的列表项集合
SelectedItem	获取或设置被选中项
SelectedValue	获取或设置被选中项的值
SelectedIndex	获取或设置被选中项的索引,从 0 开始
SelectionMode	选择类型可以是多选(Multiple)或单选(Single)
Selected	表示某项是否被选中
SelectedIndexChanged	当控件中被选择的项发生改变时触发

例 2.6　利用 ListBox 控件实现如下功能，运行结果如图 2.9 所示。

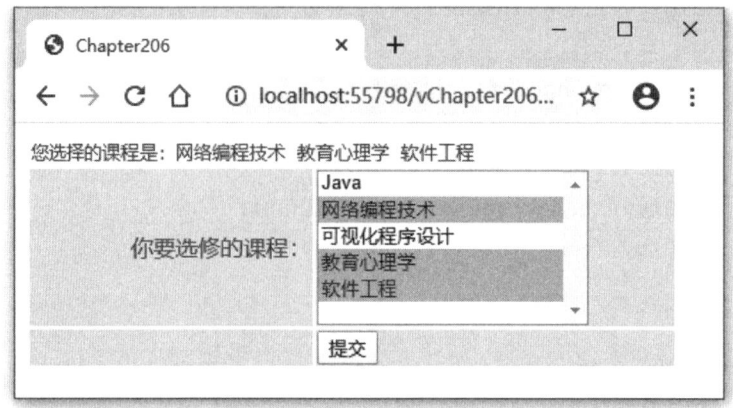

图 2.9　程序运行结果

"源"视图核心代码如程序清单 2.11 所示。

【程序清单 2.11】文件 Chapter206.aspx 的核心代码

```
            <table>
                <tr>
                    <td colspan="2" class="style1">
                        <asp:Label ID="lblMessage" runat="server" Style="font- size:
small; color: #0066FF"></asp:Label>
                    </td>
                </tr>
                <tr>
                    <td class="tabL">你要选修的课程：</td>
                    <td class="tabR">
                        <asp:ListBox ID="ListBox1" runat="server" Height="106px"
Rows="2"
                            SelectionMode="Multiple" Width="191px">
                            <asp:ListItem>Java</asp:ListItem>
                            <asp:ListItem>网络编程技术</asp:ListItem>
                            <asp:ListItem>可视化程序设计</asp:ListItem>
                            <asp:ListItem>教育心理学</asp:ListItem>
                            <asp:ListItem>软件工程</asp:ListItem>
                        </asp:ListBox>
                    </td>
                </tr>
                <tr>
                    <td class="tabL"></td>
                    <td class="tabR">
                        <asp:Button ID="btnOk" runat="server" Text="提交" OnClick=
"btnOk_Click" />
                    </td>
                </tr>
```

```
</table>
```

Chapter206.aspx.cs 核心代码如程序清单 2.12 所示。

【程序清单 2.12】文件 Chapter206.aspx.cs 的核心代码

```
protected void btnOk_Click(object sender, EventArgs e)
    {
        string content = "";
        for (int i = 0; i < ListBox1.Items.Count; i++)
        {
            if (ListBox1.Items[i].Selected)
            {
                content += ListBox1.Items[i].Text.ToString() + "  ";
            }
        }
        lblMessage.Text = "您选择的课程是:" + content;
    }
```

2.3.7 Image 控件

Image 控件用于在网页中显示图片,开发人员可以通过代码指定 Image 中显示的图片,在使用时所需的图片素材要保存在当前网站项目文件里,一般会在网站的根目录下创建一个文件夹 img 或 pic 等,用于保存项目所需的图片。Image 控件的一般形式为:

```
<asp:Image ID="Image1" runat="server" ImageUrl="~/img/summer.jpg" />
```

Image 控件的常用属性见表 2.11。

表 2.11 Image 控件常用属性

名称	说明
ImageUrl	获取或设置控件中显示的图像链接地址
AlternateText	获取或设置当图像无法显示时,Image 控件中显示的替换文本
Width	控件的宽度
Height	控件的高度
ImageAlign	获取或设置 Image 控件相对于网页上其他元素的对齐方式
Visible	控件是否可见
Style	获取样式属性的集合

例 2.7 设计一个简单的图片浏览器,运行结果如图 2.10 所示。在项目根目录下建立文件夹 img,存放了 4 张图片,名称为 1.jpg、2.jpg、3.jpg、4.jpg,点击页面中的两个按钮可浏览不同的图片。在代码编写过程中,需要考虑当已经是第一张图片时点击"上一张"该如何处理,当已经是最后一张图片时点击"下一张"该如何处理。

图 2.10　程序运行结果

"源"视图核心代码如程序清单 2.13 所示。

【程序清单 2.13】文件 Chapter207.aspx 的核心代码

```
<table style="width: 100%;">
    <tr>
        <td class="auto-style4"></td>
        <td class="auto-style1" rowspan="3">
            <asp:Image ID="imageShow" runat="server" Height="385px"
ImageUrl="img/1.jpg" Width="582px" />
        </td>
        <td class="auto-style5"></td>
    </tr>
    <tr>
        <td class="auto-style3">
             </td>
        <td class="auto-style6">
             </td>
    </tr>
    <tr>
        <td class="auto-style2">
            <asp:ImageButton ID="imgBtnPre" runat="server" Height=
"120px" ImageUrl="img/左.jpg" OnClick="imgBtnPre_Click" Width="120px" />
        </td>
        <td>
            <asp:ImageButton ID="imgBtnNext" runat="server" Height=
"120px" ImageUrl="img/右.jpg" OnClick="imgBtnNext_Click" Width="120px" />
        </td>
    </tr>
</table>
```

Chapter207.aspx.cs 核心代码如程序清单 2.14 所示。

【程序清单 2.14】文件 Chapter207.aspx.cs 的核心代码

```
static int showId=1;//用于记录当前显示图片的名称,默认显示1.jpg
    static int picCount = 4;//图片数量
    protected void Page_Load(object sender, EventArgs e)
    {

    }
    //显示前一张图片
    protected void imgBtnPre_Click(object sender, ImageClickEventArgs e)
    {
        showId--;
        if (showId < 1)
        {
            showId = 1;
        }
        imageShow.ImageUrl = "img/" + showId + ".jpg";
    }
    //显示后一张图片
    protected void imgBtnNext_Click(object sender, ImageClickEventArgs e)
    {
        showId++;
        if (showId > picCount)
        {
            showId = picCount;
        }
        imageShow.ImageUrl = "img/" + showId + ".jpg";

    }
```

2.3.8 FileUpload 控件

FileUpload 控件包括一个文本框和一个浏览按钮,用于向指定的目录上传文件。用户可以在文本框中输入完整的文件路径或者通过按钮浏览并选择需要上传的文件。文件上传控件不会自动上传文件,必须设置相关的事件处理程序,并在程序中实现文件上传。

FileUpload 控件的一般形式为:

```
<asp:FileUpload ID="FileUpload1" runat="server" />
```

FileUpload 控件的常用属性见表 2.12。

表 2.12　FileUpload 控件常用属性

名称	说　明
FileName	获取上传文件在客户端的名称
HasFile	判断控件是否包含一个要上传的文件
PostedFile	获取上传后的文件的相关属性: 获取上传文件的完整路径——FileUpload.PostedFile.FileName 获取上传文件的大小——FileUpload.PostedFile.ContentLength 获取上传文件的类型——FileUpload.PostedFile.ContentType

续表

名称	说　　明
SaveAs	保存文件到服务器
FileBytes	获取上传文件的字节数组

例 2.8 分别使用 HTML 文件上传服务器控件和 FileUpload 控件实现文件上传，并输出所上传文件大小、类型，运行结果如图 2.11 所示。

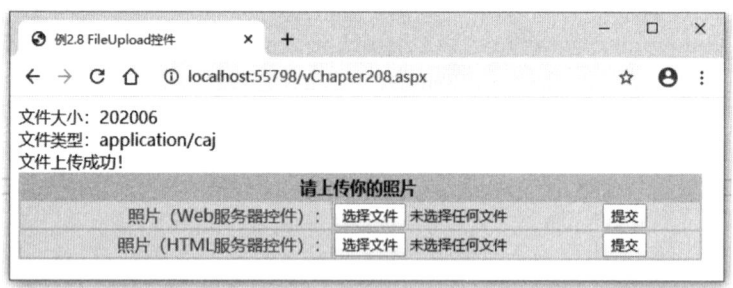

图 2.11　程序运行结果

"源"视图核心代码如程序清单 2.15 所示。

【程序清单 2.15】文件 Chapter208.aspx 的核心代码

```
<table style="background-color: #FFCCFF;">
            <tr>
                <td colspan="2" style="text-align: center">
                    <strong>请上传你的照片</strong>
                </td>
            </tr>
            <tr>
                <td class="tabL">照片(Web 服务器控件):
                </td>
                <td class="tabR">
                    <asp:FileUpload ID="FileUpload1" runat="server" />
                    <asp:Button ID="btnSubmit" runat="server" Text="提交"
OnClick="btnSubmit_Click" />
                </td>
            </tr>
            <tr>
                <td class="tabL">照片(HTML 服务器控件):
                </td>
                <td class="tabR">
                   <input id="File1" runat="server" type="file" />
                    <asp:Button  ID="btnOk"  runat="server"  Text="提 交 "
OnClick="btnOk_Click" />
                </td>
            </tr>
        </table>
```

Chapter208.aspx.cs 核心代码如程序清单 2.16 所示。

【程序清单 2.16】文件 Chapter208.aspx.cs 的核心代码

```
//Input(File)
    protected void btnOk_Click(object sender, EventArgs e)
    {
        string picName = File1.PostedFile.FileName.ToString();//文件名
        string savePath = Server.MapPath("~/Files/") + picName; //存放位置及名称
        File1.PostedFile.SaveAs(savePath);
        Response.Write("文件上传成功!");
    }
    //FileUpload 控件
    protected void btnSubmit_Click(object sender, EventArgs e)
    {
        if (FileUpload1.HasFile)
        {
            FileUpload1.SaveAs(Server.MapPath("~/Files/") + FileUpload1.FileName);
            Response.Write("文件大小:" + FileUpload1.PostedFile.ContentLength + "</br>");
            Response.Write("文件类型:" + FileUpload1.PostedFile.ContentType + "</br>");
            Response.Write("文件上传成功!");
        }
    }
```

2.3.9 Web 服务器控件综合应用示例

例 2.9 利用 Web 服务器控件设计一个注册页面,运行结果如图 2.12 和图 2.13 所示。

图 2.12 程序运行结果

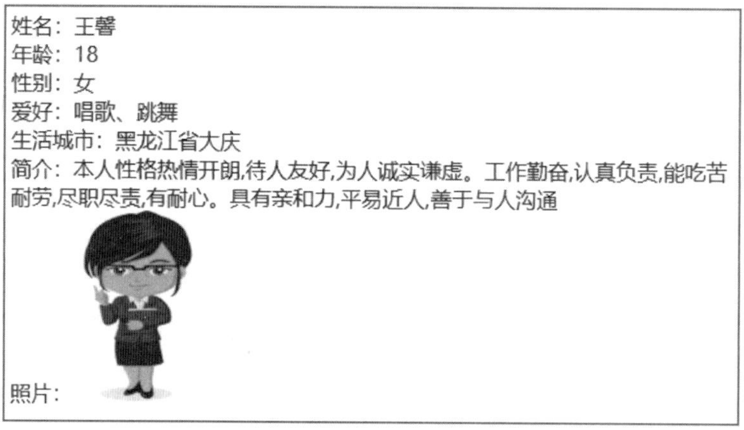

```
姓名: 王馨
年龄: 18
性别: 女
爱好: 唱歌、跳舞
生活城市: 黑龙江省大庆
简介: 本人性格热情开朗,待人友好,为人诚实谦虚。工作勤奋,认真负责,能吃苦
耐劳,尽职尽责,有耐心。具有亲和力,平易近人,善于与人沟通
```

```
照片:
```

图 2.13　程序运行结果

"源"视图核心代码如程序清单 2.17 所示。

【程序清单 2.17】文件 Chapter209.aspx 的核心代码

```
    <table>
        <tr>
            <td colspan="2" class="style1">
                <strong>请填写注册信息</strong>
            </td>
        </tr>
        <tr>
            <td class="tabL">
                姓名:</td>
            <td class="tabR">
                <asp:TextBox ID="txtName" runat="server"></asp:TextBox>
                </td>
        </tr>
        <tr>
            <td class="tabL">
                密码:</td>
            <td class="tabR">
                <asp:TextBox ID="txtPassword" runat="server" TextMode= "Password">
</asp:TextBox>
                </td>
        </tr>
        <tr>
            <td class="tabL">
                年龄:</td>
            <td class="tabR">
                <asp:TextBox ID="txtAge" runat="server"></asp:TextBox>
                </td>
        </tr>
        <tr>
```

```html
                <td class="tabL">
                    性别:</td>
                <td class="tabR">
                    <asp:RadioButton ID="radioMan" runat="server" Checked="True" Text="男"
                        GroupName="Group1" />
                    <asp:RadioButton ID="radioGirl" runat="server" Text="女" GroupName="Group1" />
                </td>
            </tr>
            <tr>
                <td class="tabL">
                    爱好:</td>
                <td class="tabR">
                    <asp:CheckBox ID="CheckBox1" runat="server" Text="唱歌" />
                    <asp:CheckBox ID="CheckBox2" runat="server" Text="跳舞" />
                </td>
            </tr>
            <tr>
                <td class="tabL">
                    生活城市:</td>
                <td class="tabR">
                    <asp:DropDownList ID="DropDownList1" runat="server" AutoPostBack="True"
                        onselectedindexchanged="DropDownList1_SelectedIndexChanged">
                        <asp:ListItem>黑龙江省</asp:ListItem>
                        <asp:ListItem>辽宁省</asp:ListItem>
                        <asp:ListItem>吉林省</asp:ListItem>
                    </asp:DropDownList>
                    <asp:DropDownList ID="ddlCity" runat="server">
                    </asp:DropDownList>
                </td>
            </tr>
            <tr>
                <td class="tabL">
                    简介:</td>
                <td class="tabR">
                    <asp:TextBox ID="txtInfo" runat="server" Height="86px" TextMode="MultiLine"
                        Width="360px"></asp:TextBox>
                </td>
            </tr>
            <tr>
                <td class="tabL">
                    照片:</td>
                <td class="tabR">
```

```
                <asp:FileUpload ID="FileUpload1" runat="server" />
            </td>
        </tr>
         <tr>
            <td>
            </td>
            <td>
                <asp:Button ID="btnOk" runat="server" Text="提交" onclick=
"btnOk_Click" />
                <asp:Button ID="btnReset" runat="server" Text="重置" OnClick=
"btnReset_Click" />
            </td>
        </tr>
         <tr>
            <td colspan="2">
            <div id="message" runat="server"></div>
            </td>
        </tr>
    </table>
```

Chapter209.aspx.cs 核心代码如程序清单 2.18 所示。

【程序清单 2.18】文件 Chapter209.aspx.cs 的核心代码

```
protected void Page_Load(object sender, EventArgs e)
    {
        if(!IsPostBack)
        {
            SetDdlCity(DropDownList1.SelectedItem.Text.ToString());
        }
    }
    //提交
    protected void btnOk_Click(object sender, EventArgs e)
    {
        //上传的照片是否存在
        if (FileUpload1.HasFile)
        {
            //上传照片
            string picName = FileUpload1.FileName;
            FileUpload1.SaveAs(Server.MapPath("~/Files/") + picName);
            //显示注册信息
            string content = "";
            content = content + "姓名:" + txtName.Text.ToString() + "<br />";
            content = content + "年龄:" + txtAge.Text.ToString() + "<br />";
            if (radioMan.Checked)
            {
                content = content + "性别:男" + "<br />";
            }
            else
```

```csharp
            {
                content = content + "性别:女" + "<br />";
            }
            content = content + "爱好:";
            if (CheckBox1.Checked)
            {
                content = content + CheckBox1.Text.ToString() + "、";
            }
            if (CheckBox2.Checked)
            {
                content = content + CheckBox2.Text.ToString() + "<br />";
            }
            if (content.Substring(content.Length - 1) == "、")
            {
                content = content.Substring(0, content.Length - 1);
            }
            //生活城市
            content += "生活城市:" + DropDownList1.SelectedItem.Text.ToString() + ddlCity.SelectedItem.Text.ToString()+"<br />";
            //简介
            content += "简介:" + txtInfo.Text.ToString() + "<br />";
            //显示图片
            content += "照片:<img src='img\\" + picName + "' width='100px' height='140px' />";
            message.InnerHtml = content;
        }
        else
        {
            Response.Write("照片上传失败!");
        }
    }

    protected void DropDownList1_SelectedIndexChanged(object sender, EventArgs e)
    {
        SetDdlCity(DropDownList1.SelectedItem.Text.ToString());
    }

    public void SetDdlCity(string province)
    {
        if (province == "黑龙江省")
        {
            ddlCity.Items.Clear();
            ddlCity.Items.Insert(0, "大庆");
            ddlCity.Items.Insert(1, "哈尔滨");
        }
        else if (province == "吉林省")
```

```
        {
            ddlCity.Items.Clear();
            ddlCity.Items.Insert(0, "长春");
            ddlCity.Items.Insert(1, "松原");
        }
        else if (province == "辽宁省")
        {
            ddlCity.Items.Clear();
            ddlCity.Items.Insert(0, "沈阳");
            ddlCity.Items.Insert(1, "彰武");
        }
    }
```

2.4 本章小结

本章重点介绍了 HTML 服务器控件和 Web 服务器控件的特点和使用方法，在使用过程中要灵活运用各个控件的属性和方法来实现相应的功能。

第 2 章源码包

习题

1. 如何将 HTML 控件转换为 HTML 服务器控件？
2. HTML 服务器控件的优点有哪些？
3. Web 服务器控件的特点是什么？
4. 仿照例 2.1 和例 2.9，分别利用 HTML 服务器控件和 Web 服务器控件设计一个用户注册界面，并实现相应的功能。

第 3 章 验证控件和用户控件

为了更好地创建交互式 Web 应用程序，加强应用程序安全性（例如防止脚本入侵等），程序开发人员应该对用户输入的内容进行验证。ASP.NET 提供了验证控件来帮助程序开发人员实现输入验证功能。ASP.NET 中的验证控件包括必须验证控件、范围验证控件、比较验证控件、正则验证控件、自定义验证控件和验证摘要控件，这些控件直接或间接派生自 System.Web.UI.WebControls.BaseValidator。此外，在 Web 网页制作过程中，除了可以使用 ASP.NET 提供的服务器控件之外，用户还可以将系统提供的可视化组件组合在一起，形成用户控件，从而减少重复代码的编写工作，以提高开发效率。ASP.NET 提供了一种称为用户控件的技术，可以让程序员根据自己的需要来开发出自定义的控件，并把这种开发出来的自定义控件称为用户控件。

3.1 验证控件

ASP.NET 中提供的验证控件位于"工具箱"窗口的"验证"选项卡下，包括如图 3.1 所示的验证控件，各控件的类型和作用见表 3.1。

```
▼ 验证
   ▶ 指针
   ▣ CompareValidator
   ▣ CustomValidator
   ▣ RangeValidator
   ▣ RegularExpressionValidator
   ▣ RequiredFieldValidator
   ▣ ValidationSummary
```

图 3.1 验证控件

表 3.1 验证控件分类

控件名称	验证类型	控件的作用
CompareValidator	与某值比较	用于将输入的值和其他控件或常量进行比较
CustomValidator	自定义	将输入的信息与用户自定义的验证规则进行比较
RangeValidator	范围检查	用于验证输入的值是否在指定范围内
RegularExpressionValidator	模式匹配	用于验证输入信息是否与预定格式匹配
RequiredFieldValidator	必需项	用于验证输入值是否为空
ValidationSummary	错误信息显示	用于显示页面中所有错误信息

对于输入控件，可以附加多个验证控件。既可以验证某个控件是必需的，也可以验证该控件必须包含特定范围的值。在上述验证控件中，ValidationSummary 控件不执行验证，但经常与其他验证控件一起用于显示页面上所有验证控件的错误信息。

3.1.1 RequiredFieldValidator 控件

RequiredFieldValidator 控件称为强制用户输入控件，通常用于在用户输入信息时对必填字段进行验证。在页面中添加 RequiredFieldValidator 控件并将其链接到必填字段控件（通常是 TextBox 控件）。在控件失去焦点时，如果其 Text 属性值为空，将会触发 RequiredFieldValidator 控件。RequiredFieldValidator 控件的使用语法如下：

```
<asp:RequiredFieldValidator ID="RequiredFieldValidator1" runat="server"
ControlToValidate="txtSno" ErrorMessage=" 必 填 " Font-Size="Small" ForeColor=
"Red">
</asp:RequiredFieldValidator>
```

对于 RequiredFieldValidator 控件的使用一般是通过设置其属性值来完成的，该控件的常用属性见表 3.2。

表 3.2 RequiredFieldValidator 控件常用属性

属性	说明
ControlToValidae	通过设置该属性为某控件的 ID 来把验证控件绑定到需要验证的控件上
ErrorMessage	当验证控件无效时需要显示的信息
ValidationGroup	绑定到验证程序所属的组
Text	当验证控件无效时显示的验证程序的文本
Display	验证控件的显示模式，该属性有三个值： None——验证控件无效时不显示信息 Static——验证控件在页面上的占位是静态的，不能被其他控件占用 Dynamic——验证控件在页面上的占位是动态的，只有当验证失效时验证控件才占据页面位置，否则不占位置

例 3.1 利用 RequiredFieldValidator 控件实现如图 3.2 的功能，其中用户名和密码为必填项。

第 3 章 验证控件和用户控件

图 3.2　运行结果图

"源"视图核心代码如程序清单 3.1 所示。

【程序清单 3.1】文件 Chapter301.aspx 的核心代码

```
<table>
    <tr>
        <td class="style1" colspan="2">
            <strong style="text-align: center">学生信息录入</strong></td>
    </tr>
    <tr>
        <td class="tabL">
            学号:</td>
        <td class="tabR">
            <asp:TextBox ID="txtSno" runat="server"></asp:TextBox>
            <asp:RequiredFieldValidator ID="RequiredFieldValidator1" runat="server"
                ControlToValidate="txtSno" ErrorMessage="学号不能为空" Font-Size="Small"
                ForeColor="Red"></asp:RequiredFieldValidator>
        </td>
    </tr>
    <tr>
        <td class="tabL">
            姓名:</td>
        <td class="tabR">
            <asp:TextBox ID="txtName" runat="server"></asp:TextBox>
            <asp:RequiredFieldValidator ID="RequiredFieldValidator2" runat="server"
                ControlToValidate="txtName" ErrorMessage="姓名不能为空" Font-Size="Small"
                ForeColor="Red"></asp:RequiredFieldValidator>
        </td>
    </tr>
    <tr>
        <td class="tabL">
             </td>
        <td class="tabR">
```

```
        <asp:Button ID="Button1" runat="server" Text="提交" onclick= "Button1_
Click"/>
            </td>
        </tr>
    </table>
```

Chapter301.aspx.cs 核心代码如程序清单 3.2 所示。

【程序清单 3.2】文件 Chapter301.aspx.cs 的核心代码

```
protected void Button1_Click(object sender, EventArgs e)
  {
    Response.Write("添加成功!");
  }
```

3.1.2 CompareValidator 控件

CompareValidator 控件的功能是验证某个输入控件里输入的信息是否满足事先设定的条件。例如当输入用户年龄时，希望用户输入的值大于 0，这样利用 CompareValidator 控件绑定到输入用户年龄的文本框，并利用 ValueToComepare 属性值进行相应的设置来实现。该控件还可以将一个控件中的值与另一个控件中的值进行比较，也可验证用户输入的数据类型是否是指定的类型。CompareValidator 控件的使用语法如下：

```
<asp:CompareValidator ID="CompareValidator1" runat="server"
    ControlToCompare="txtPassword" ControlToValidate="txtPassWordValidator"
    ErrorMessage="两次密码输入不一致" Font-Size="Small"ForeColor="Red">
</asp:CompareValidator>
```

对于 CompareValidator 控件的使用一般是通过设置其属性值来完成的，该控件的常用属性见表 3.3。

表 3.3 CompareValidator 控件常用属性

属性	说　　明
ControlToValidae	通过设置该属性为某控件的 ID 来把验证控件绑定到需要验证的控件上
ControlToCompare	设置与要验证的控件进行比较的控件的 ID
ValueToCompare	用来指定将输入控件的值与某个常数进行比较，而不是与另一个控件中的值进行比较
Type	设置要比较的数据类型，可取值 Sring、Integer、Double、Date 等，默认为 String
Operator	设置要执行的比较操作，为枚举值，可取 Equal、GreaterThan、GreaterThanEqual 等，缺省值为 Equal
ErrorMessage	当验证控件无效时需要显示的信息
Text	当验证控件无效时显示的验证程序的文本

例 3.2 利用 CompareValidator 控件验证用户两次输入的密码是否一致，验证输入"对方的名字"是否为"王莹"，若全部正确则显示"输入正确"，运行结果如图 3.3 所示。

图 3.3　运行结果图

"源"视图核心代码如程序清单 3.3 所示。

【程序清单 3.3】文件 Chapter302.aspx 的核心代码

```
<table>
        <tr>
            <td class="style1" colspan="2" style="text-align: center">
                <strong>请输入验证信息</strong>
            </td>
        </tr>
        <tr>
            <td class="tabL">
                密码:
            </td>
            <td class="tabR">
                <asp:TextBox ID="txtPassword" runat="server"></asp:Text Box>
            </td>
        </tr>
        <tr>
            <td class="tabL">
                确认密码:
            </td>
            <td class="tabR">
                <asp:TextBox ID="txtPassWordValidator" runat="server"></asp:
TextBox>
                <asp:CompareValidator ID="CompareValidator1" runat= "server"
ControlToCompare="txtPassword"  ControlToValidate="txtPassWordValidator"
   ErrorMessage="两次输入密码不一致" Font-Size="Small" ForeColor="Red"> </asp:
CompareValidator>
            </td>
        </tr>
        <tr>
            <td class="tabL">
                我的名字:
            </td>
```

```
                <td class="tabR">
                    <asp:TextBox ID="txtName" runat="server"></asp:TextBox>
                    <asp:CompareValidator ID="CompareValidator2" runat= "server"
                        ControlToValidate="txtName" ErrorMessage="输入错误"
FontSize="Small"
                        ForeColor="Red"  ValueToCompare=" 王 莹 "></asp:Compare
Validator>
                </td>
            </tr>
            <tr>
                <td class="style2">
                     
                </td>
                <td class="style3">
                    <asp:Button ID="Button1" runat="server" Text="提交"
OnClick="Button1_Click" />
                </td>
            </tr>
        </table>
```

Chapter302.aspx.cs 核心代码如程序清单 3.4 所示。

【程序清单 3.4】文件 Chapter302.aspx.cs 的核心代码

```
    protected void Button1_Click(object sender, EventArgs e)
    {
        Response.Write("用户注册成功!");
    }
```

注意：比较验证控件的 ValueToCompare 和 ControlToCompare 两个属性在应用时只能选择其中一个，可以将输入值与另一控件中的值进行比较，或者将输入值与一个常数进行比较；在本例中，密码和确认密码的初始值都没空，若用户在两个文本框中不输入任何信息，则比较验证仍然会通过。因此，在实际使用时，必填验证和比较验证控件要结合使用，才能对用户的输入进行严格控制。

3.1.3 RangeValidator 控件

RangeValidator 控件称为输入指定范围的控件，用于验证输入控件的值是否在指定范围内。例如用户输入的年龄应该在 1～100 之间，这时就可以使用 RangeValidator 控件。RangeValidator 控件的使用语法如下：

```
<asp:RangeValidator ID="RangeValidator1" runat="server"
        ControlToValidate="txtAge" ErrorMessage="不在范围内" Font-Size="Small"
        ForeColor="Red" MaximumValue="60" MinimumValue="20" Type="Integer">
</asp:RangeValidator>
```

对于 RangeValidator 控件的使用一般是通过设置其属性值来完成的，该控件的常用属性见表 3.4。

表 3.4 RangeValidator 控件常用属性

属性	说明
ControlToValidae	通过设置该属性为某控件的 ID 来把验证控件绑定到需要验证的控件上
MaximumValue	用来设置做比较的数据范围上限
MinimumValue	用来设置做比较的数据范围下限
Type	设置要比较的数据类型，可取值 Sring、Integer、Double、Date 等，默认为 String
ErrorMessage	当验证控件无效时需要显示的信息
Text	当验证控件无效时显示的验证程序的文本

例 3.3 利用 RangeValidator 控件验证用户输入的年龄是否在 1～100 之间，运行结果如图 3.4 所示。

图 3.4 运行结果图

"源"视图核心代码如程序清单 3.5 所示。

【程序清单 3.5】文件 Chapter303.aspx 的核心代码

```
<table>
        <tr>
            <td class="style1" colspan="2" style="text-align: center">
                <strong>请填写注册信息</strong>
            </td>
        </tr>
        <tr>
            <td class="tabL">
                年龄：
            </td>
            <td class="tabR">
                <asp:TextBox ID="txtAge" runat="server"></asp:TextBox>
                <asp:RangeValidator  ID="RangeValidator1"  runat="server"
ControlToValidate="txtAge" ErrorMessage="年龄范围有误(1-100)" Font- Size="Small"
   ForeColor="Red" MaximumValue="60" MinimumValue="20" Type="Integer">
                </asp:RangeValidator>
            </td>
        </tr>
         <tr>
            <td class="tabL">
```

```
                        时间：
                    </td>
                    <td class="tabR">
                        <asp:TextBox ID="txtDate" runat="server"></asp:TextBox>
                        <asp:RangeValidator ID="RangeValidator2" runat="server"
ControlToValidate="txtDate"
                            ErrorMessage="时间范围有误(2020.1.1-2023.1.1)"
FontSize="Small" ForeColor="Red" MaximumValue="2023.1.1" MinimumValue="2020.1.1"
                            Type="Date"></asp:RangeValidator>
                    </td>
                </tr>
                <tr>
                    <td class="tabL">
                         
                    </td>
                    <td class="tabR">
                        <asp:Button ID="Button1" runat="server" Text="提交" OnClick=
"Button1_Click" />
                    </td>
                </tr>
            </table>
```

Chapter303.aspx.cs 核心代码如程序清单 3.6 所示。

【程序清单 3.6】文件 Chapter303.aspx.cs 的核心代码

```
protected void Button1_Click(object sender, EventArgs e)
    {
        Response.Write("恭喜你,信息输入正确!");
    }
```

3.1.4 RegularExpressionValidator 控件

RegularExpressionValidator 控件称为正则表达式验证控件，用于验证相关输入控件的值是否匹配正则表达式指定的模式。由于该控件在使用中会涉及正则表达式，因此 RegularExpressionValidator 控件在所有的验证控件中是比较复杂的。在实际应用中经常需要用户输入固定格式的信息，如电话号码、邮政编码、网址、邮箱等。为了保证用户输入符合规定的要求，此时就需要使用 RegularExpressionValidator 控件进行验证。

在页面中可以通过选中 RegularExpressionValidator 控件，单击"属性"窗口中的 ValidationExpression 属性值列的省略号按钮，打开如图 3.5 所示的对话框，从对话框中的"标准表达式"列表中选取现有的正则表达式，如 Internet 电子邮件地址或在下方的"验证表达式"输入框中输入自定义的正则表达式。

RegularExpressionValidator 控件的使用语法如下：

```
<asp:RegularExpressionValidator    ID="RegularExpressionValidator1"    runat=
"server"
        ControlToValidate="txtMail" ErrorMessage="格式有误" Font-Size="Small"
```

```
ForeColor="Red"
        ValidationExpression="\w+([-+.']\w+)*@\w+([-.]\w+)*\.\w+([-.]\w+)*">
</asp:RegularExpressionValidator>
```

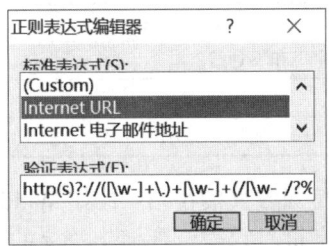

图 3.5　ValidationExpression 属性设定窗口

对于 RegularExpressionValidator 控件的使用与其他验证控件相似，也是通过设置其属性值来完成的，该控件的常用属性见表 3.5。

表 3.5　RegularExpressionValidator 控件常用属性

属性	说　　明
ControlToValidae	通过设置该属性为某控件的 ID 来把验证控件绑定到需要验证的控件上
ValidationExpression	设置利用正则表达式描述预定义的格式
ErrorMessage	当验证控件无效时需要显示的信息
Text	当验证控件无效时显示的验证程序的文本

Visual Studio 2010 提供的正则表达式很少，这些正则表达式可能无法满足用户的实际需要，此时就需要开发人员自己来编写正则表达式。为了使读者对正则表达式有个大概的了解，下面简单介绍一些正则表达式的基础知识。

正则表达式（regular expression）描述了一种字符串匹配的模式，可以用来检查一个串是否含有某种子串、将匹配的子串做替换或者从某个串中取出符合某个条件的子串等。简单地说，就是用某种模式去匹配一类字符串的公式。正则表达式中常用的普通字符和特殊字符见表 3.6 和表 3.7。

普通字符分为打印字符和非打印字符两种。打印字符包含所有的大小写字母、0~9 的数字以及所有的标点符号，表 3.6 中列出的为非打印字符。

表 3.6　正则表达式中常用的普通字符

属性	说　　明
\n	换行符
\r	回车符
\f	换页符
\t	制表符
\v	垂直制表符
\b	一个单词边界，也就是指单词和空格间的位置
\B	单词的开头
\d	一个数字字符，等价于[0-9]
\D	任何一个非数字字符

续表

属性	说　　明
\s	任何空白字符，包括空格、制表符、换页符等
\S	任何非空白字符
\w	任何单词字符，包括字母和下划线
\W	任何非单词字符
\\	匹配 '\'

所谓特殊字符，就是一些有特殊含义的字符，比如 Windows 记事本文件命名的默认格式"*.txt"中的"*"就是一个特殊字符，它表示任何字符串的意思。

表 3.7　正则表达式中常用的特殊字符

属性	说　　明
.	匹配除换行符\n 之外的任何单字符
*	匹配其前面的子表达式零次或多次
?	匹配 0 个或 1 个"?"前面的字符
+	匹配其前面的子表达式一次或多次
^	匹配输入字符串的开始位置，但用在方括号表达式中表示不接受该字符集合
$	匹配输入字符串的结尾位置
{	标记限定符表达式的开始
|	表示两项之间的一个选择
{n}	n 是一个非负整数，匹配确定的 n 次
{n, }	匹配至少出现 n 次前面的字符
{m, n}	匹配至少 m 个，至多 n 个前面的字符
[xyz]	表示一个字符集合，匹配括号中所包含的任意字符
[^xyz]	表示一个字符集合之外的字符，匹配不在此括号中的任意字符
[^m-n]	表示某个范围之外的字符，匹配不在指定范围内的任意字符
[m-n]	表示一个字符范围，匹配指定范围内的任意字符

例 3.4　利用 RegularExpressionValidator 控件验证用户输入的电子邮箱、办公电话、手机号码、身份证号格式是否正确，运行结果如图 3.6 所示。

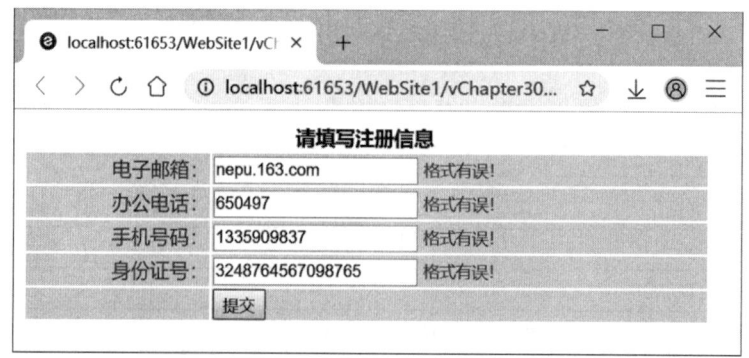

图 3.6　运行结果图

"源"视图核心代码如程序清单 3.7 所示。

【程序清单 3.7】文件 Chapter304.aspx 的核心代码

```
            <table>
                <tr>
                    <td class="style1" colspan="2" style="text-align: center">
                        <strong>请填写注册信息</strong>
                    </td>
                </tr>
                <tr>
                    <td class="tabL">
                        电子邮箱:
                    </td>
                    <td class="tabR">
                        <asp:TextBox ID="txtMail" runat="server"></asp:TextBox>
                        <asp:RegularExpressionValidator ID="RegularExpression
Validator1" runat="server"
                            ErrorMessage="格式有误!"
                            ValidationExpression="\w+([-+.']\w+)*@\w+([-.]\w+)*
\.\w+([-.]\w+)*"
                            ControlToValidate="txtMail" Font-Size="Small" Fore Color=
"Red"></asp:RegularExpressionValidator>
                    </td>
                </tr>
                <tr>
                    <td class="tabL">
                        办公电话:
                    </td>
                    <td class="tabR">
                        <asp:TextBox ID="txtTel" runat="server"></asp:TextBox>
                        <asp:RegularExpressionValidator ID="RegularExpression
Validator2" runat="server"
                            ErrorMessage="格式有误!"
                            ValidationExpression="(\(\d{3}\)|\d{3}-)?\d{8}"
                            ControlToValidate="txtTel" Font-Size="Small" ForeColor=
"Red"></asp:RegularExpressionValidator>
                    </td>
                </tr>
                <tr>
                    <td class="tabL">
                        手机号码:
                    </td>
                    <td class="tabR">
                        <asp:TextBox ID="TextBox1" runat="server"></asp:TextBox>
                        <asp:RegularExpressionValidator ID="RegularExpression
Validator3" runat="server"
                            ErrorMessage="格式有误!"
                            ValidationExpression="^1\d{10}$"
```

```
                    ControlToValidate="TextBox1" Font-Size="Small" ForeColor=
"Red"></asp:RegularExpressionValidator>
            </td>
        </tr>
        <tr>
            <td class="tabL">
                身份证号:
            </td>
            <td class="tabR">
                <asp:TextBox ID="TextBox2" runat="server"></asp:TextBox>
                <asp:RegularExpressionValidator ID="RegularExpression
Validator4" runat="server"
                    ErrorMessage="格式有误!"
                    ValidationExpression="\d{17}[\d|X]|\d{15}"
                    ControlToValidate="txtMail" Font-Size="Small" ForeColor=
"Red"></asp:RegularExpressionValidator>
            </td>
        </tr>
        <tr>
            <td class="tabL">
                 
            </td>
            <td class="tabR">
                <asp:Button ID="Button1" runat="server" Text=" 提 交 "
OnClick="Button1_Click" />
            </td>
        </tr>
    </table>
```

注意:本例中,电子邮件、办公电话和身份证号的正则表达式可以直接在 Validation Expression 属性窗口中选择,但电话号码需要自己写 "^1\d{10}$"。其中,^1 表示以 1 开始,\d 表示任意 0~9 的数字字符,{10}表示 10 个字符,$表示结束,即对手机号码的要求为以 1 开头的 11 位数字。

3.1.5 CustomValidator 控件

CustomValidator 控件称为自定义控件,当现有的验证控件满足不了开发需要时,可自己编写验证函数,通过 CustomValidator 控件的服务器端事件可以将验证函数绑定到相应的控件,从而为数据输入的验证提供更大的灵活性。CustomValidator 控件的使用语法如下:

```
<asp:CustomValidator ID="CustomValidator1" runat="server"
                    ErrorMessage="CustomValidator"></asp:CustomValidator>
```

CustomValidator 控件常用属性见表 3.8。

表 3.8 CustomValidator 控件常用属性

属性	说明
ControlToValidae	通过设置该属性为某控件的 ID 来把验证控件绑定到需要验证的控件上

续表

属性	说 明
ValidationEmptyText	判断绑定的控件为空时是否执行验证，该属性为 true 表示绑定的控件为空时执行验证，为 false 表示为空时不执行验证，默认为 false
ErrorMessage	当验证控件无效时需要显示的信息
Text	当验证控件无效时显示的验证程序的文本
IsValid	获取一个值来判断是否通过验证，true 表示通过验证，false 表示未通过验证
ClientValidationFunction	指定一个用于完成客户端验证的函数名称

利用 CustomValidator 控件进行自定义验证的方法如下：双击 CustomValidator 控件添加 ServerValidate 事件，在该事件中添加要执行的验证代码。在该事件中包含两个参数，分别为 object source 和 ServerValidateEventArgs args。其中，object 类型的 source 参数代表触发事件的 CustomValidator 控件；args 参数有两个属性，Value 和 IsValid，args.Value 可获得要验证控件中输入的内容，args.IsValid 可表示验证是否通过。

例 3.5 利用 CustomValidator 控件验证用户输入数字是否为偶数，运行结果如图 3.7 所示。

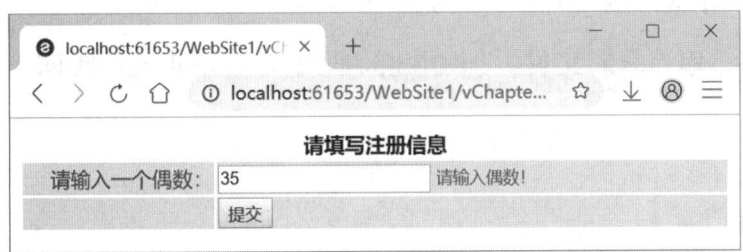

图 3.7 运行结果图

操作提示：在页面中添加被验证的控件 TextBox、CustomValidator 验证控件和 Button 控件；设定 CustomValidator 验证控件的 ControlToValidate、ErrorMessage 等属性；双击 CustomValidator 验证控件为其添加 ServerValidate 事件，在事件中进行编码。

"源"视图核心代码如程序清单 3.8 所示。

【程序清单 3.8】 文件 Chapter305.aspx 的核心代码

```
<table>
  <tr>
    <td class="style1" colspan="2" style="text-align: center">
      <strong>请按要求填写信息</strong>
    </td>
  </tr>
  <tr>
    <td class="tabL">
      请输入一个偶数：
    </td>
    <td class="tabR">
      <asp:TextBox ID="txtData" runat="server"></asp:TextBox>
```

```
            <asp:CustomValidator ID="CustomValidator1" runat="server" Error
Message="请输入偶数!" ControlToValidate="txtData" Font-Size="Small" ForeColor= "Red"
    OnServerValidate="CustomValidator1_ServerValidate"></asp:CustomValidator>
            </td>
        </tr>
        <tr>
            <td class="tabL">
                 
            </td>
            <td class="tabR">
                <asp:Button ID="Button1" runat="server" Text="提交" OnClick=
"Button1_Click" />
            </td>
        </tr>
    </table>
```

Chapter305.aspx.cs 核心代码如程序清单 3.9 所示。

【程序清单 3.9】文件 Chapter305.aspx.cs 的核心代码

```
protected void CustomValidator1_ServerValidate(object source, ServerValidate
EventArgs args)
    {
        int inputNum = Convert.ToInt32(args.Value);
        if (inputNum %2 == 0)
        {
            args.IsValid = true;
        }
        else
        {
            args.IsValid = false;
        }
    }
```

3.1.6 ValidationSummary 控件

验证摘要控件 ValidationSummary 用于显示尚未通过验证的 Web 控件的 ErrorMessage 属性。该控件本身并不具有验证功能，它只是集中收集其他验证控件产生的错误信息，并将这些信息在页面上的某个位置显示。ValidationSummary 控件的使用语法如下：

```
<asp:ValidationSummary ID="ValidationSummary1" runat="server" Font-Size=
"Small"
                ForeColor="Red" />
```

ValidationSummary 控件的常用属性见表 3.9。

表 3.9　ValidationSummary 控件常用属性

属性	说　明
DisplayMode	设置错误信息显示的格式，可取 BulletList（项目列表）、List（列表）和 SingleParagraph（消息框内显示）
ShowSummary	是否显示汇总信息
ShowMessageBox	是否弹出信息框显示错误信息
HeaderText	设置验证摘要上方显示的标题文本

若将 ValidationSummary 控件的 ShowMessageBox 属性设置为 true，将 ShowSummary 属性设置为 false，则验证摘要信息只在一个弹出的警告对话框中显示。

例 3.6　利用 ValidationSummary 控件汇总显示错误信息，运行结果如图 3.8 和图 3.9 所示。

图 3.8　运行结果图

图 3.9　运行结果图

"源"视图核心代码如程序清单 3.10 所示。

【程序清单 3.10】文件 Chapter306.aspx 的核心代码

```
<table>
    <tr>
        <td class="style1" colspan="2" style="text-align: center">
```

```
                    <strong>请填写注册信息</strong></td>
                </tr>
                <tr>
                    <td class="tabL">
                        用户名:</td>
                    <td class="tabR">
                        <asp:TextBox ID="txtUserName" runat="server"></asp:TextBox>
                        <asp:RequiredFieldValidator ID="RequiredFieldValidator1" runat="server"
                            ControlToValidate="txtUserName" Display="Dynamic" ErrorMessage="必填项"
                            Font-Size="Small" ForeColor="Red">*</asp:RequiredFieldValidator>
                    </td>
                </tr>
                <tr>
                    <td class="tabL">
                        密码:</td>
                    <td class="tabR">
                        <asp:TextBox ID="txtPassword" runat="server"></asp: TextBox>
                    </td>
                </tr>
                <tr>
                    <td class="tabL">
                        确认密码:</td>
                    <td class="tabR">
                        <asp:TextBox ID="txtPassWordValidator" runat="server"></asp: TextBox>
                        <asp:CompareValidator ID="CompareValidator1" runat= "server"
                            ControlToCompare="txtPassword" ControlToValidate="txtPassWordValidator"
                            ErrorMessage="两次密码输入不一致" Font-Size="Small" ForeColor="Red"></asp:CompareValidator>
                    </td>
                </tr>
                <tr>
                    <td class="tabL">
                        年龄:</td>
                    <td class="tabR">
                        <asp:TextBox ID="txtAge" runat="server"></asp:TextBox>
                        <asp:RangeValidator ID="RangeValidator1" runat="server"
                            ControlToValidate="txtAge" ErrorMessage="不在范围内" Font-Size="Small"
                            ForeColor="Red" MaximumValue="60" MinimumValue="20" Type="Integer"></asp:RangeValidator>
```

```
            </td>
        </tr>
        <tr>
            <td class="tabL">
                邮箱:</td>
            <td class="tabR">
                <asp:TextBox ID="txtMail" runat="server"></asp:TextBox>
                <asp:RegularExpressionValidator
ID="RegularExpressionValidator1" runat="server"
                    ControlToValidate="txtMail" ErrorMessage="格式有误"
Font-Size="Small"
                    ForeColor="Red"
ValidationExpression="\w+([-+.']\w+)*@\w+([-.]\w+)*\.\w+([-.]\w+)*"></asp:Reg
ularExpressionValidator>

            </td>
        </tr>
        <tr>
            <td class="tabL">
                 </td>
            <td class="tabR">
                <asp:Button ID="Button1" runat="server" Text="提交" onclick=
"Button1_Click" />
                </td>
        </tr>
        <tr>
            <td class="tabL">
                 </td>
            <td class="tabR">
                <asp:ValidationSummary ID="ValidationSummary1" runat= "server"
Font-Size="Small"
                    ForeColor="Red" ShowMessageBox="True" ShowSummary=
"False"/>
                </td>
        </tr>
    </table>
```

3.2 用户控件

3.2.1 用户控件概述

在开发网站的时候，程序员有时会发现某种具有同样功能控件组合会经常出现在网站的页面中，这时程序员采用某种技术来编写一个可重复利用的控件，并且希望这种控件能够像

ASP.NET 系统提供的标准控件那样可以很方便地拖放到网页中，从而减少重复代码的编写工作。用户控件封装了独立的功能，是一种自定义的组合控件，通常由系统提供的可视化控件组合而成。在用户控件中不仅可以定义显示界面，还可以编写事件处理代码，可以像普通控件一样拖拽使用，用户控件存放在文件扩展名为.ascx 的文件中。

用户控件与 Web 页面的区别，主要包括以下 4 方面：

（1）用户控件文件的后缀为.ascx，对应的代码分离文件的后缀为.ascx.cs。而 Web 页面文件的后缀为.aspx，对应的代码分离文件的后缀为.aspx.cs。

（2）用户控件中不包含<html>、<body>、<form>标记，因为用户控件要被包含在.aspx 文件内，而这些标记在.aspx 文件中只能包含一个。

（3）用户控件可以单独编译，但不能单独运行，只有将用户控件嵌入.aspx 页面中才能运行。

（4）用户控件中没有@page 指令，而是包含@Control 指令，该指令对配置及其他属性进行定义。

3.2.2 创建和使用用户控件

创建和使用用户控件过程比较简单，主要包含以下 3 个步骤：

（1）在要创建用户控件的位置右键，在弹出的快捷菜单中选择"添加新项"命令，打开"添加新项"对话框，如图 3.10 所示，并在对话框中选择"Web 用户控件"，文件默认名称为 WebUserControl.ascx，程序员可根据需要自己修改名称，点击"添加"按钮，即可为当前网站添加一个用户控件。

图 3.10　添加 Web 用户控件

其中，"将代码放在单独的文件中"复选框，表示代码将分别存储在.ascx 文件和.ascx.cs 文件中。用户控件 login.ascx 文件初始代码如下：

```
<%@ Control Language="C#" AutoEventWireup="true" CodeFile="login.ascx.cs"
Inherits="login" %>
```

用户控件的 login.ascx.cs 文件初始代码如下：

```
using System;
using System.Collections.Generic;
using System.Linq;
using System.Web;
using System.Web.UI;
using System.Web.UI.WebControls;

public partial class login : System.Web.UI.UserControl
{
    protected void Page_Load(object sender, EventArgs e)
    {

    }
}
```

（2）在添加完成后，程序员就可以根据自己的需要设计符合自己需求的文件，设计过程和设计普通的 ASP.NET 网页没有区别。

（3）在网页中引用该控件，有两种方法。

① 方法一：使用@Register 命令在页面顶部注册用户控件，也可以在 web.config 中配置用户控件，这样就可以直接在整个 Web 应用程序中使用该用户控件而无须再次声明。在页面中注册：

```
<%@ Register Src="login.ascx" TagName="login" TagPrefix="uc1" %>
```

在 web.config 中配置：

```
<controls>
    <add Src="~/login.ascx" TagName="login" TagPrefix="uc1"></add>
</controls>
```

其中，TagPrefix 为设置用户控件的标记前缀，该前缀类似于 Web 控件的 Asp 前缀。例如，若注册用户控件的标记前缀为 uc1，则在引用该用户控件的 ASP.NET 网页中就以 "<uc1:" 来引用该用户控件，就像使用 "<Asp:" 引用 Web 用户控件一样。TagName 为设置用户控件的名称。Src 为设置用户控件文件的路径。

注册完成后，可在页面中进行引用，引用代码为：

```
<uc1:login ID="login1" runat="server" />
```

② 方法二：在"解决方案资源管理器"窗口选中已经编辑好的用户控件，拖动鼠标将用户控件拖拽到页面中想要使用用户控件的位置。此时，在页面"源"视图的顶部会自动出现该用户空间的注册信息，此方法比方法一简单。

3.2.3 用户控件使用示例

例 3.7 创建一个用户控件 login.ascx，在页面 Chapter306.aspx 中引入该控件，实现用户登录功能。若用户输入的用户名为"admin",密码为"123456"则登录成功,否则提示用户名密码输入错误。运行结果如图 3.11 所示。

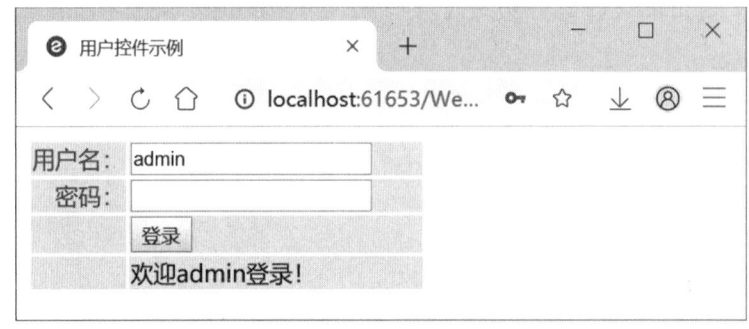

图 3.11　运行结果

"login.ascx"核心代码如程序清单 3.11 所示。

【程序清单 3.11】文件 login.ascx 的核心代码

```
<table>
    <tr>
        <td class="tabL">
            用户名:
        </td>
        <td class="tabR">
            <asp:TextBox ID="txtUserName" runat="server"></asp:TextBox>
        </td>
    </tr>
    <tr>
        <td class="tabL">
            密码:
        </td>
        <td class="tabR">
            <asp:TextBox  ID="txtPwd"  runat="server"  TextMode="Password"></asp:TextBox>
        </td>
    </tr>
    <tr>
        <td class="tabL">
             
        </td>
        <td class="tabR">
            <asp:Button  ID="btnLogin"  runat="server"  OnClick="btnLogin_Click" Text="登录" />
        </td>
    </tr>
    <tr>
        <td class="tabL">
```

```
             
        </td>
        <td class="tabR">
            <asp:Label ID="lblMessage" runat="server"></asp:Label>
        </td>
    </tr>
</table>
```

"login.ascx.cs"核心代码如程序清单 3.12 所示。

【程序清单 3.12】文件 login.ascx.cs 的核心代码

```
protected void btnLogin_Click(object sender, EventArgs e)
    {
        if (txtUserName.Text.ToString() == "admin" && txtPwd.Text.ToString() == "123456")
        {
            lblMessage.Text = "欢迎" + txtUserName.Text.ToString() + "登录!";
        }
        else
        {
            lblMessage.Text = "您输入的用户名或密码错误!" ;
        }

    }
```

Chapter307.aspx 核心代码如程序清单 3.13 所示。

【程序清单 3.13】文件 Chapter307. aspx 的核心代码

```
<%@ Page Language="C#" AutoEventWireup="true" CodeFile="Chapter307.aspx.cs" Inherits="Chapter204" %>

<%@ Register Src="login.ascx" TagName="login" TagPrefix="uc1" %>
<!DOCTYPE html PUBLIC "-//W3C//DTD XHTML 1.0 Transitional//EN" "http://www.w3.org/TR/xhtml1/DTD/xhtml1-transitional.dtd">
<html xmlns="http://www.w3.org/1999/xhtml">
<head runat="server">
    <title>用户控件示例</title>
</head>
<body>
    <form id="form1" runat="server">
    <uc1:login ID="login1" runat="server" />
    </form>
</body>
</html>
```

3.3 本章小结

本章重点介绍了 ASP.NET 中常用的几种数据验证控件，必填、范围、比较、正则、自定义验证控件及验证摘要控件。此外，还介绍了用户控件的创建、注册和使用方法。

第 3 章源码包

习题

1. 比较两次输入的密码是否相同，可以使用下面的（　　）验证控件来实现。
   A．RequiredFieldValidator 控件　　　B．RegularExpressionValidator 控件
   C．CompareValidator 控件　　　　　D．RangeValidator 控件
2. 下面符合我国电话号码（固定电话）规则的正则表达式是（　　）。
   A．\d{6}　　　　　　　　　　　　B．(\(\d{3, 4}\)|\d{3, 4}-)?(\d{8}|\d{7})?
   C．\d{18}|\d{15}　　　　　　　　　D．(\(\d{3}\)|\d{3}-)?(\d{8}|\d{7})
3. 页面加载时，下面只执行一次的事件是（　　）。
   A．Page_Init 事件　　　　　　　　　B．Page_Load 事件
   C．Page_UnLoad 事件　　　　　　　D．Button1_Click 事件
4. 用 asp.net 编写的网页后台代码被保存在（　　）文件中。
   A．aspx　　　B．vb　　　C．cs　　　D．config
5. 页面的 IsPostBack 属性用来判别页面（　　）。
   A．是否需要回传　　　　　　　　　B．是否回传
   C．是否启用回传　　　　　　　　　D．是否立即响应
6. 控件的 AutoPostBack 属性用于设置其事件（　　）。
   A．是否立即回传　　　　　　　　　B．是否需要回传
   C．是否需要响应　　　　　　　　　D．是否立即响应
7. RequiredFieldValidator 控件的 ErrorMessage 属性用来（　　）。
   A．设置错误信息　　　　　　　　　B．设置到验证的控件
   C．定义错误类型　　　　　　　　　D．启动错误处理程序
8. RequireFieldValidator 控件的 ControlToValidate 属性用来（　　）。
   A．设置是否需要验证　　　　　　　B．设置到验证的控件
   C．设置验证方式　　　　　　　　　D．设置验证的数据类型
9. RangeValidator 控件用于验证数据（　　）。
   A．类型　　　B．格式　　　C．范围　　　D．正则表达式
10. 要验证文本框中输入的数据是否为合法的邮编，需使用（　　）验证控件。
    A．RequiredFieldValidator　　　　　B．RangeValidator
    C．CompareValidator　　　　　　　D．RegularExpressionValidator
11. 简述用户控件与 Web 页面的区别。

12. 简述用户控件的创建过程。
13. 简述常用的数据验证控件及其功能。
14. 编写一个注册用户控件，该控件能够实现用户注册功能，效果如图 3.12 所示。

图 3.12　用户注册—用户控件示例

第 4 章 ADO.NET 数据库编程

ADO.NET 的名称起源于 ADO（ActiveX Data Objects），是一个 COM 组件库，之所以使用 ADO.NET 这个名称，是因为微软公司希望表明这是在.NET 编程环境中优先使用的数据访问接口。几乎所有的应用系统都离不开数据库编程，都需要通过数据库操作执行信息的增加、删除、修改、查询等。在数据库应用程序开发中，可以通过属性窗口或编写代码设置这些数据库对象和数据服务组件的属性，调用其方法完成相应的数据操作功能。

4.1 ADO.NET 概述

4.1.1 ADO.NET 简介

ADO（ActiveX Data Objects，ActiveX）是继 ODBC（Open Database Connectivity，开放数据库连接）之后微软主推的存取数据的最新技术，微软公司在.NET Framework 中集成了最新的 ADO.NET。ADO.NET 是提供数据访问服务的一组类，利用它可以方便地存取数据库中的数据。它的所有类都位于 System.Data 名称空间，主要包括 Connection、Command、DataReader、DataAdapter、DataSet 等。通常把 ADO.NET 中的各种对象分为两大类，一类是与数据库直接连接的联机对象，如命令对象 Command、数据读取对象 DataReader 和数据适配器对象 DataAdapter 等；另一类则是与数据源无关的断开式访问对象，如 DataSet 对象和 DataRelation 对象等。

4.1.2 System.Data 命名空间

ADO.NET 中的类包含在 System.Data 命名空间中，System.Data 空间下又包含了多个子空间，常用的几个子空间功能简介如下：

System.Data.Common，包含了 ADO.NET 共享的类；
System.Data.OleDb，包含了访问 OLEDB 数据源的类；
System.Data.SqlClient，包含了访问 SQL Server 数据库的类；

System.Data.Odbc，包含了访问 ODBC 数据源的类；
System.Data.OracleClient，包含了访问 Oracle 数据库的类；
System.Data.SqlTypes，包含了 SQL Server 内部用于本机数据类型的类。

4.1.3 .NET Framework 数据提供程序

.NET Framework 为不同类型的数据库编程应用准备了多种数据提供程序，如 SQL Server.NET Framework 数据提供程序、OLEDB.NET Framework 数据提供程序、Oracle.NET Framework 数据提供程序等。应用程序开发中经常使用 SQL Server.NET Framework 数据提供程序和 OLEDB.NET Framework 数据提供程序。

SQL Server.NET Framework 数据提供程序主要用于创建访问 SQL Server 数据库的对象。该数据提供程序的类位于 System.Data.SqlClient 命名空间中，这些类以 Sql 为前缀，如 SqlConnection、SqlCommand、SqlDataAdapter 和 SqlDataReader。

OLEDB.NET Framework 数据提供程序主要用于创建以 OLEDB 接口方式访问 Access、Foxpro 等类型的数据库对象。该数据提供程序的类位于 System.Data.OleDb 命名空间中，这些类以 OleDb 为前缀，如 OleDbConnection、OleDbCommand、OleDbDataAdapter 和 OleDbDataReader。

在数据库应用程序开发中，用户要根据所使用的数据库的类型在代码段引入相应的命名空间。如使用 SQL Server 数据库时，则需要在代码段添加 Using System.Data.SqlClient，否则将无法使用 SqlConnection、SqlCommand 等类操作数据库。

4.1.4 ADO.NET 数据库应用程序开发流程

通常，使用 ADO.NET 开发数据库应用程序时应遵循以下 7 个步骤：
（1）确定使用哪个.NET Framework 数据提供程序，导入相应的命名空间。
（2）利用 Connection 对象建立与数据库的连接。
（3）使用 Command 对象或 DataAdapter 对象执行 SQL 命令，完成对数据库的操作。
（4）在联机模式下，利用 DataReader 对象逐次读取从 Command 对象取得的数据，或者在离线模式下，将 Command 对象取得的数据经由 DataAdapter 对象填充到 DataSet 对象的 DataTable 集合中。
（5）使用各种数据服务控件如 GridView、DataList 等，显示数据库命令完成后返回的数据结果。
（6）可使用 DataSet 对象完成对数据库的增加、删除、修改、更新等操作，并将数据修改结果写回数据库。
（7）关闭与数据库的连接。

4.2 Connection 对象

Connection 对象用于开启程序和数据库之间的连接，每个需要和数据库进行交互的应用程序都必须先建立与数据库的连接。

Connection 对象的常用属性、方法及其说明见表 4.1。

表 4.1 Connection 对象的常用属性和方法

属性/方法	说　　明
ConnectionString	获取或设置用于连接数据库的字符串
ConnectionTimeout	获取或设置连接数据库服务器的超时时间，默认值为 15s；若将该属性设置为 0，则将无限等待直到数据库连接打开
DataSource	获取数据源的完整路径及文件名
State	获取当前数据库连接状态，取值是 ConnectionState 枚举值，可取 Open、Closed、Connection、Executing、Fetching、Broken
Mode	建立连接之前，设定连接的读写方式，决定是否可更改目前数据；默认为 0 不设定，1 为只读，2 为只写，3 为读写
Open	打开数据库连接
Close	关闭数据库连接
CreateCommand	创建并返回一个 Command 对象

ConnectionString 属性中包含的多个参数，以 SQL Server 2008 数据库为例介绍各参数：

Integrated Security：连接服务器的安全性设置，可使用 Windows 集成验证或 SQL Server 密码验证。属性值为 True 或 SSPI 时表示使用 Windows 信任连接，否则表示使用 SQL Server 密码验证方式访问数据库。

Initial Catalog：要连接的数据库的名称。

Data Source：要连接的数据库服务器的名称。

user id：登录 SQL Server 的账号。该属性只有在使用密码验证方式访问数据库时才使用。

Password：登录 SQL Server 的密码。该属性只有在使用密码验证方式访问数据库时才使用。

本书提供了一种获取 ConnectionString 属性的简便方法供参考：

（1）新建.txt 文档。

（2）修改文档的后缀名为 udl，双击打开，如图 4.1 所示。

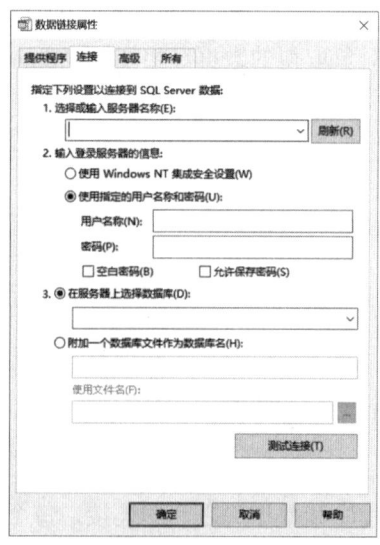

图 4.1 数据链接属性

（3）切换到"提供程序"，根据需要进行选择，如图 4.2 所示。

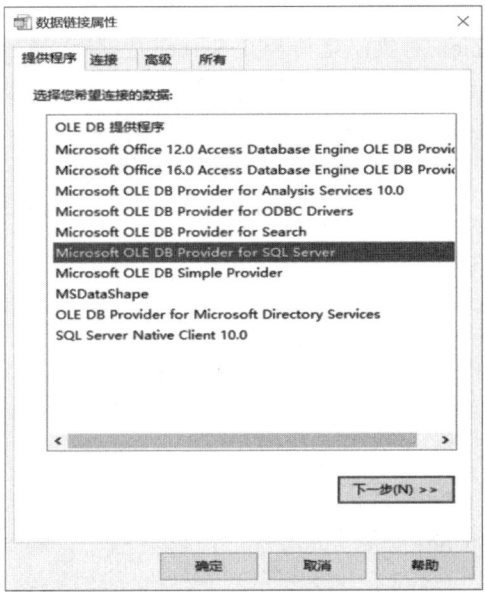

图 4.2 提供程序

（4）点击"下一步"，在"连接"页中确定服务器名称、登录服务器信息、连接的数据库，点击下方"测试连接"，如图 4.3 所示。

图 4.3 连接信息

（5）测试连接成功后，点击"确定"关闭窗口。右键选择以记事本的方式打开.udl 文件。打开后的文件中最后一行为获得的 ConnectionString 属性值，如下所示：

```
Provider=SQLOLEDB.1;Integrated,Security=SSPI;Persist Security Info=False;
Initial Catalog=wlbcjs;Data Source=DESKTOP-NDJAAUL
```

例 4.1 利用 Connecion 对象建立与 SQL Server 数据库 wlbcjs 的连接，在页面中显示连接是否成功，如图 4.4 所示。

图 4.4　运行结果

（1）引入命名空间：

```
using System.Data.OleDb;
```

（2）获得 ConnectionString：

```
string conStr="Provider=SQLOLEDB.1; Integrated Security=SSPI; Persist Security Info=False; Initial Catalog=wlbcjs; Data Source=DESKTOP-NDJAAUL";
```

（3）创建 Connection 对象，设定其 ConnectionString 属性：

```
OleDbConnection con = new OleDbConnection();
con.ConnectionString = conStr;
```

（4）打开连接：

```
con.Open();
```

（5）输出连接状态：

```
Response.Write(con.State);
```

（6）关闭连接：

```
con.Close();
```

4.3　Command 对象

Command 对象主要用来对数据库下达增加、删除、修改、查询等指令，Command 对象是构建在 Connection 对象之上的，Connection 对象连接到哪个数据库，Command 对象的命令就下达到哪里。Command 对象常用的属性和方法见表 4.2。

表 4.2　Command 对象的常用属性和方法

属性/方法	说　　明
Connection	获取或设置 Command 对象要使用的数据连接
CommandType	获取或设置要执行的命令类型，可取值： CommandType.Text——要执行 SQL 语句，默认值；

续表

属性/方法	说　　明
CommandType	CommandType.TableDirect——执行数据表； CommandType.StoredProcedure——执行存储过程
CommandText	获取或设置要对数据源执行的 SQL 命令、存储过程名称或数据表名称
CommandTimeout	获取或设置 CommandText 的超时时间，单位为秒，默认值 30 秒
Parameters	获取 ParameterCollection
ExecuteReader	执行 CommandText 属性指定的 Select 命令，返回一个 DataReader 对象
ExecuteScalar	执行 CommandText 属性指定的 Select 命令，返回结果集中的第一行第一列值
ExecuteNonQuery	执行非查询的 SQL 命令，返回受影响行数
Cancel	取消 Command 的执行

例 4.2 利用 Command 对象访问数据库 wlbcjs，获得 studentInfo 表中的记录数，并在页面中显示出来，如图 4.5 所示。

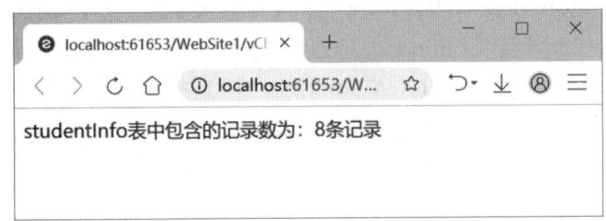

图 4.5　运行结果

引入命名空间：

using System.Data;
using System.Data.OleDb;

方法一：

string conStr = "Provider=SQLOLEDB.1;Integrated Security=SSPI;Persist Security Info=False;Initial Catalog=wlbcjs;Data Source=.";
OleDbConnection con = new OleDbConnection();
con.ConnectionString = conStr;
con.Open();
//创建 OleDbCommand 对象
OleDbCommand cmd = new OleDbCommand();
cmd.Connection = con;
cmd.CommandType = CommandType.Text;
cmd.CommandText = "select count(*) from studentInfo";
int count = Convert.ToInt32(cmd.ExecuteScalar());
Response.Write("studentInfo 表中包含的记录数为:" + count.ToString() + "条记录");
con.Close();

方法二：

```
string conStr="Provider=SQLOLEDB.1;Integrated Security=SSPI;Persist Security Info=False;Initial Catalog=wlbcjs;Data Source=.";
OleDbConnection con = new OleDbConnection();
con.ConnectionString = conStr;
con.Open();
string sql="select count(*) from studentInfo";
//创建 OleDbCommand 对象
OleDbCommand cmd = new OleDbCommand(sql,con);
int count = Convert.ToInt32(cmd.ExecuteScalar());
Response.Write("studentInfo 表中包含的记录数为:" + count.ToString() + "条记录");
con.Close();
```

4.4 DataReader 对象

当只需要循序地读取数据而不需要执行其他操作时，可以使用 DataReader 对象。DataReader 对象返回一个来自 Command 对象的只读的、向前的数据流，使用它可以顺序地从查询结果集中读取记录，它的特点是单向向前、速度快、占用内存少。使用 DataReader 对象无论在系统开销还是在性能方面都很有效，它在任何时候只缓存一条记录，并且没有将整个结果集载入内存中，从而避免了使用大量内存，大大提高了系统性能。DataReader 对象常用的属性和方法见表 4.3。

表 4.3 DataReader 对象的常用属性和方法

属性/方法	说　　明
FieldCount	获取 DataReader 中当前数据行的字段数目
HasRows	获取布尔值，表示 DataReader 中是否包含一行或多行数据
IsClosed	获取布尔值，表示 DataReader 对象是否关闭
Read	记录指针指向本结果集中的下一条记录，返回值是 true 或 false
Close	关闭 DataReader 对象
GetName（int i）	获取当前数据集中第 i+1 列的列名
GetValue（int i）	根据传入的列的索引值，返回当前记录行里指定列的值
GetValues（Object[] values）	将当前记录行里所有的数据保存到一个数组里并返回。可以使用 DataReader 对象的 FieldCount 属性获取字段总数来确定数组的长度
GetString（int i）	以字符串形式返回当前记录行中第 i+1 列的值
GetOrdinal（）	根据给定列的名称，获取列的序号
IsDBNull（int i）	判断指定索引号的列的值是否为空，返回值 true 或 false

例 4.3　利用 DataReader 对象读取 studentInfo 表中的数据，并在页面中显示出来，如图 4.6 所示。

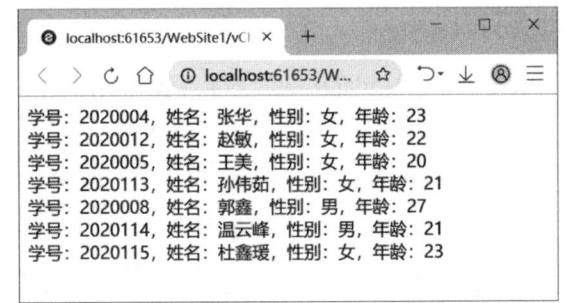

图 4.6　运行结果

引入命名空间：

```
using System.Data;
using System.Data.OleDb;
```

关键代码：

```
string conStr = "Provider=SQLOLEDB.1;Integrated Security=SSPI;Persist Security Info=False;Initial Catalog=wlbcjs;Data Source=.";
    OleDbConnection con = new OleDbConnection();
    con.ConnectionString = conStr;
    con.Open();
    string sql="select * from studentInfo";
    OleDbCommand cmd = new OleDbCommand(sql,con);
    OleDbDataReader dr = cmd.ExecuteReader();
    while(dr.Read())
    {
        Response.Write("学号:" + dr["sno"] + ",姓名:" + dr["sname"] + ",性别:" + dr["ssex"] + ",年龄:" + dr["sage"] + "<br>");
    }
    dr.Close();
    con.Close();
```

说明：Command 的 ExecuteReader 方法返回一个只读的结果数据集 DataReader，调用 Read 方法来获得第一条记录（调用 Read 方法每次只能读取一条记录），然后记录指针下移一条。如果当前记录已经是最后一条，则 Read 方法返回 false。

dr 为 DataReader 对象名，利用 dr["字段名"]、dr.GetString（索引）、dr（索引）都可以获取当前记录中的某字段值。

4.5　DataAdapter 对象

DataAdapter 对象通常称为数据适配器，其作用是作为数据源与 DataSet 对象之间沟通的桥梁。它提供了双向的数据传输机制，可以从数据库将数据读入数据集，也可以将数据集中已经更改的数据写回数据库。DataAdapter 可以透过 Command 对象下达命令，在数据源上执行 Select 语句，并将查询结果集传送到 DataSet 对象的数据表 DataTable 中。DataAdapter 对象常用的属性、方法和事件见表 4.4。

表 4.4 DataAdapter 对象的常用属性和方法

属性/方法/事件	说 明
SelectCommand	获取或设置用来从数据源选取数据行的 SQL 命令，属性值为 Command 对象
InsertCommand	获取或设置将数据行插入数据源的 SQL 命令，属性值为 Command 对象
DeleteCommand	获取或设置用来从数据源删除数据行的 SQL 命令，属性值为 Command 对象
UpdateCommand	获取或设置用来更新数据源数据行的 SQL 命令，属性值为 Command 对象
Fill（DataSet，srcTable）	将 SelectCommand 属性指定的 SQL 命令执行结果所选取的数据行置入 DataSet 对象。第一个参数为 DataSet 对象的名字，第二个参数为 SQL 命令对应的数据表的名字
Update（DataSet，srcTable）	调用 InsertCommand、UpdateCommand 或 DeleteCommand 属性指定的 SQL 命令更新数据
FillError	当执行 DataAdapter 对象的 Fill 方法发生错误时会触发此事件
RowUpdated	当调用 Update 方法并执行完 SQL 命令时会触发此事件
RowUpdating	当调用 Update 方法并在开始执行 SQL 命令之前会触发此事件

DataAdapter 的创建方法一：

```
string sql="select * from studentInfo";
OleDbCommand cmd = new OleDbCommand(sql,con);
OleDbDataAdapter adapter = new OleDbDataAdapter(cmd);
```

DataAdapter 的创建方法二：

```
string sql="select * from studentInfo";
OleDbDataAdapter adapter = new OleDbDataAdapter(sql, con);
```

4.6 DataSet 对象

ADO.NET 使用 DataSet 对象在内存中缓存查询结果数据，数据集对象的结构类似于关系数据库的表。DataSet 对象是 ADO.NET 的核心，是实现离线访问技术的载体。在 DataSet 中可以存储数据表，还可以存储主键等数据表结构，以及数据表间的关联和约束。DataSet 对象具有以下特点：

（1）是一个强大复杂的数据集，专门处理从数据源获得的数据。

（2）可视为暂存区，可将从数据库查询到的数据保留起来，甚至可以将整个数据库显示出来。

（3）本身不具备和数据源沟通的能力，需要将 DataAdapter 当作 DataSet 与数据源之间的桥梁。

（4）可包含数据表、数据表之间的关系、主外键约束等。

（5）DataSet 中的表用 DataTable 对象标识，一个 DataSet 可以包含一个或多个 DataTable，多个 DataTable 对象组成了 DataTableCollection 集合对象。

（6）多表的表间关系用 DataRelation 对象表示。一个 DataSet 对象可以包含一个或多个

DataRelation 对象，多个 DataRelation 又组成了 DataRelationCollection 集合对象。

DataSet 对象常用的属性和方法见表 4.5。

表 4.5 DataSet 对象的常用属性和方法

属性/方法/事件	说　　明
DataSetName	获取或设置 DataSet 对象的名称
Tables	获取包含在数据集中的数据表集合
AcceptChanges	提交自加载 DataSet 或调用 AcceptChanges 以来对 DataSet 进行的所有更改
GetChanges	获取 DataSet 的副本，包含自上次加载以来或自调用 AcceptChanges 以来对该数据集进行的所有改变
Copy	复制 DataSet 的结构和数据
Clear	删除 DataSet 中所有表

DataSet 对象的使用，需要引入 System.Data 命名空间。

例 4.4 利用 DataAdapter 和 DataSet 对象读取 studentInfo 表中的数据，并在 GridView 控件中显示出来，如图 4.7 所示。

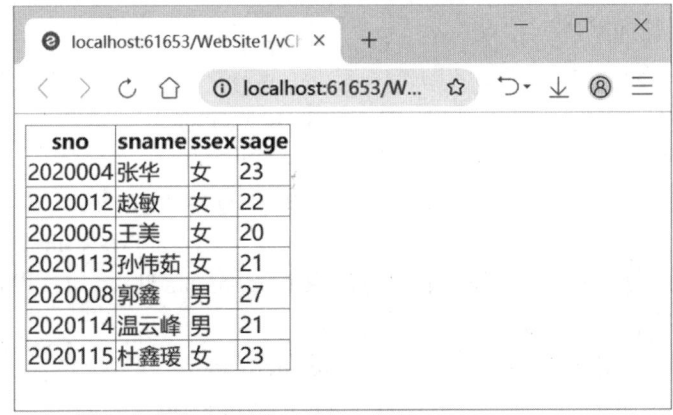

图 4.7 运行结果

代码如下：

```
string conStr = "Provider=SQLOLEDB.1;Integrated Security=SSPI;Persist Security Info=False;Initial Catalog=wlbcjs;Data Source=.";
OleDbConnection con = new OleDbConnection();
con.ConnectionString = conStr;
con.Open();
string sql="select * from studentInfo";
OleDbDataAdapter adapter = new OleDbDataAdapter(sql, con);
DataSet ds = new DataSet();
adapter.Fill(ds,"tabStu");
GridView1.DataSource = ds.Tables["tabStu"].DefaultView;
GridView1.DataBind();
con.Close();
```

4.7 本章小结

本章在介绍数据库编程相关概念以及 ADO.NET 基础知识的基础上，以 SQL Server 数据库为例，重点介绍了 ADO.NET 中的几个基本对象，主要包括 Connection、Command、DataReader、DataAdapter 和 DataSet 对象。在介绍对象的常用属性、方法和事件的基础上，通过例子展示了对象的创建以及使用方法。通过本章学习，读者能够了解到如何使用 ADO.NET 对象进行数据的增加、删除、修改、查询操作。

第 4 章源码包

习题

1. ADO.NET 是一种（　　）。
   A．查询语言　　　　　　　B．数据库
   C．数据库管理系统　　　　D．用于数据访问的基类库
2. 数据集 DataSet 与数据源之间的桥梁是（　　）。
   A．SqlConnection　　　　 B．SqlDataAdapter
   C．SqlCommand　　　　　D．SqlTransaction
3. 将数据源中的数据填充到数据集中，应调用 DataAdapter 的（　　）方法。
   A．Fill　　　B．Dispose　　　C．Update　　　D．ToString
4. 向数据源插入一条记录，需要将命令对象的 CommandText 属性设置为 SQL 语言的 Insert 命令后，再调用命令对象的（　　）方法。
   A．ExecuteNonQuery　　　B．ExecuteReader
   C．ExecuteScalar　　　　 D．ExecuteXmlReader
5. 在购物车表中，若购物车编号列为标识列，那么下面的插入语句正确的是（　　）。
   A．insert into 购物车表（会员名，图书编号，数量）values ('sunny', 10004，3)
   B．insert into 购物车表（会员名，图书编号，数量）values ('sunny', 10004)
   C．insert into 购物车表（会员名，图书编号）values ('sunny', 10004，3)
   D．insert into 购物车表（购物车编号，会员名，图书编号，数量）values（1003，'sunny', 1004，3）

第 5 章
数据绑定和数据控件

在 ASP.NET 中操作数据库是一项非常重要的任务,完成这个任务需要两种类型的数据控件:数据源控件和数据绑定控件。数据源控件主要用来与数据源进行交互,数据源通常是数据库,也可以是数组、集合、XML 文件等。数据绑定控件可以分为用于简单数据绑定的控件和用于复杂数据绑定的控件,掌握这些数据绑定控件是开发 ASP.NET 程序的基础。

5.1 数据绑定

数据绑定(Data Binding)是 Microsoft 公司的一项数据处理和输出技术。数据绑定就是把数据源中的数据提取出来显示在控件上,用户可以通过操作这些控件对数据进行查看和修改,这些修改会自动保存到数据源中。

5.1.1 常用的数据绑定方法与方式

1. 数据绑定方法

常用的数据绑定方法有单向绑定(Eval)和双向绑定(Bind)两种。

1)单向绑定

所谓单向绑定,就是对绑定的数据源中的数据只能查看不能修改。该方法采用数据字段的值作为参数,并将其作为字符串返回。

2)双向绑定

与单向绑定不同的是,双向绑定对绑定的数据源中的数据既可以查看又可以修改,主要用于 GridView、DataList 等支持编辑功能的控件,以便实现数据的更新。

2. 数据绑定方式

常用的数据绑定方式有两种:简单数据绑定和复杂数据绑定。

1)简单数据绑定

简单数据绑定是指将一个控件绑定到单个数据元素,如 TextBox 或 Label 控件显示单个值。简单数据绑定允许为控件的某个属性指定一个绑定表达式，可以在声明代码中直接使用绑定表达式进行绑定。

2）重复值数据绑定

重复值数据绑定是指将一个控件绑定到多个数据元素，如将 GridView 绑定到 DataTable，或将 DropDownList 绑定到数据表中的一列。ASP.NET 中支持重复值数据绑定的基本列表控件有 ListBox、DropDownList、CheckBoxList、RadioButtonList，这些控件显示单值字段。这些控件的共有属性如下：

DataSource：指定要显示的数据对象。

DataSourceID：使用该属性连接到一个数据源控件。

DataTextField：指定显示在页面上的值的字段或属性。

DataTextFormatString：定义一个可选的格式化字符串，控件显示前使用该字符串格式化 DataTextValue 的值。

DataValueField：该属性从数据项获得的值不会在页面中显示，它被保存到底层 HTML 标签的 value 特性上。它允许代码中读取这个值，通常用来保存一个唯一的 ID 或字段的主键。

除了以上的显示单值字段的简单列表控件外，ASP.NET 中还有支持重复值绑定的富数据控件。富数据控件只为数据绑定而设计，它们拥有同时显示数据项若干属性或字段的能力，一般基于表或用户定义的模板来布局，还提供了编辑等高级功能。常用的富数据控件包括 GridView、DetailsView、FormView 等。

5.1.2 数据绑定表达式

在 ASP.NET 中，开发人员可以使用声明式的语法对控件进行数据绑定，而且大多数服务器控件都提供了对数据绑定的支持。进行数据绑定时使用的数据绑定表达式为：

```
<%# 数据绑定%>
```

使用数据绑定并不只局限于绑定到数据库中的数据，一个变量、一个表达式或一个函数都可以在数据绑定表达式中使用。常见的数据绑定表达式的类型有以下几种。

1. 变量

前台：

```
<asp:Label ID="Label1" runat="server"><%=name%></asp:Label>
```

后台：

```
public string name = "HelloWorld";
```

2. 服务器控件的属性值

```
<asp:TextBox ID="TextBox1" runat="server" Text="sss"></asp:TextBox>
<asp:Label ID="Label1" runat="server"><%=TextBox1.Text%></asp:Label>
```

3. 数组或集合

前台：

```
<asp:DropDownList ID="DropDownList1" runat="server" DataSource="<%#name%>">
</asp:DropDownList>
```

后台:

```
public string[] name = {"李梅","张宇","杜鹤","赵敏"};
protected void Page_Load(object sender, EventArgs e)
{
   DropDownList1.DataBind();//必须要调用该方法,否则没有效果
}
```

4. 表达式

前台:

```
<asp:Label ID="Label3" runat="server" Text=""><%=Student.sno%></asp:Label>
```

自定义类:

```
public static class Student
{
  public static string sno = "209129342001";
}
```

5. 方法

前台:

```
<asp:Label ID="Label3" runat="server" Text=""><%=Student.getSno()%></asp:Label>
```

后台:

```
public static class Student
{
   public static string sno = "209129342001";
   public static string getSno()
   {
      return sno;
   }
}
```

6. DataTable 或 DataSet 等数据对象

这种数据绑定表达式只能用于 GridView 或 DataList 等绑定控件,本章会做详细介绍。

5.2 数据源控件

数据源控件可以不用编写任何代码就可以实现页面的数据绑定。.NET 框架提供了 ObjectDataSource、SqlDataSource、AccessDataSource、XmlDataSource、SiteMapDataSource 控件。其中,SqlDataSource 控件是最常用的,本节将详细介绍该控件的相关知识和用法。

ObjectDataSource 是表示具有数据检索和更新功能的中间层对象，允许使用业务对象或其他类，并可创建依赖中间层对象管理数据的 Web 应用程序。

SqlDataSource 是应用最为广泛的数据源控件。该控件支持 ADO.NET 数据提供程序的任意数据源，例如 MS SQL Server、ODBC 或 Oracle。当 SqlDataSource 与 SQL Server 一起使用时，还支持高级缓存功能。当数据作为 DataSet 对象返回时，支持分页、筛选和排序功能。单击该控件的智能标记，可以使用提供的向导来配置数据源，完成数据库的连接等配置工作。

AccessDataSource 主要用来访问 Microsoft Access 数据库，当数据作为 DataSet 对象返回时，支持分页、筛选和排序功能。

XmlDataSource 主要用来访问 XML 文件，特别适用于分层的 ASP.NET 服务器控件，如 TreeView 或 Menu 控件。它支持使用 XPath 表达式来实现筛选功能，并允许对数据应用 XSLT 转换。它允许通过保存更改后的整个 XML 文档来更新数据。

SiteMapDataSource 结合 ASP.NET 站点导航使用。

5.2.1 SqlDataSource 控件的属性

SqlDataSource 控件提供了如表 5.1 所示的属性。

表 5.1 SqlDataSource 控件常用属性

属性	说明
Adapter	获取控件的特定适配器
CacheDuration	获取或设置以秒为单位的一段时间,它是数据源控件缓存 Select 方法所检索到的数据的时间
CacheExpirationPolicy	获取或设置缓存的到期行为,该行为与持续时间组合在一起可以描述数据源空间所用缓存的行为
CacheKeyDependency	获取或设置一个用户定义的键依赖项,该键依赖项链接到数据源控件创建的所有数据缓存对象。当键到期时,所有缓存对象都显示为到期
CancelSelectOnNullParameter	获取或设置一个值，该值指示当 SelectParameters 集合中包含的任何一个参数为空引用时,是否取消数据检索操作
ConflictDetection	获取或设置一个值，该值指示当基础数据库中某行的数据在更新和删除操作期间发生更改时，SqlDataSource 控件如何执行该更新和删除操作
ConnectionString	获取或设置连接字符串，SqlDataSource 控件用来连接到的基础数据库
DataSourceMode	获取或设置 SqlDataSource 控件获取数据所用的数据检索模式
DeleteCommand	获取或设置 SQL 字符串，用来从基础数据库中删除数据
DeleteCommandType	获取或设置一个值，该值指示 DeleteCommand 属性中的文本是 SQL 语句还是存储过程的名称
DeleteParameters	从与 SqlDataSource 控件相关联的 SqlDataSourceView 对象获取包含 DeleteCommand 属性所使用的参数的参数集合
EnableCaching	获取或设置一个值，该值指示 SqlDataSource 控件是否启用数据缓存
FilterExpression	获取或设置调用 Select 方法时应用的筛选表达式
FilterParameters	获取与 FilterExpression 字符串中的任何参数占位符关联的参数的集合
InsertCommad	获取或设置 SQL 字符串，用来从基础数据库中插入数据
InsertCommandType	获取或设置一个值，该值指示 InsertCommand 属性中的文本是 SQL 语句还是存储过程的名称

续表

属性	说　明
InsertParameters	从与 SqlDataSource 控件相关联的 SqlDataSourceView 对象获取包含 InsertCommand 属性所使用的参数的参数集合
OldValuesParameterformatString	获取或设置一个格式字符串，该字符串应用于传递给 Delete 或 Update 方法的所有参数的名称
ProviderName	获取或设置.NET Framework 数据提供程序的名称，SqlDataSource 控件使用该提供程序来连接基础数据源
SelectCommand	获取或设置 SQL 字符串，用来从基础数据库中检索数据
SelectCommandType	获取或设置一个值，该值指示 SelectCommand 属性中的文本是 SQL 语句还是存储过程的名称
SelectParameters	从与 SqlDataSource 控件相关联的 SqlDataSourceView 对象获取包含 SelectCommand 属性所使用的参数的参数集合
SortParameterName	获取或设置存储过程参数的名称，在使用存储过程执行数据检索时，该存储过程参数用于对检索到的数据进行排序
SqlCacheDependency	获取或设置一个用分号分隔的字符串，指示用于 Microsoft SQL Server 缓存依赖项的数据库和表
UpdateCommand	获取或设置 SQL 字符串，用来更新基础数据库中数据
UpdateCommandType	获取或设置一个值，该值指示 UpdateCommand 属性中的文本是 SQL 语句还是存储过程的名称
UpdateParameters	从与 SqlDataSource 控件相关联的 SqlDataSourceView 对象获取包含 UpdateCommand 属性所使用的参数的参数集合

5.2.2　SqlDataSource 控件的功能

1. 执行数据库操作命令

SqlDataSource 控件的 SelectCommand、UpdateCommand、InsertCommad、DeleteCommand 属性可对数据库进行操作，只需要指定相应的 SQL 语句即可。如果数据源控件与支持存储过程的数据库相连，则可以在 SQL 语句的位置指定存储过程的名称。可以创建参数化的命令，这些命令包含要在运行时提供的值的占位符。可以创建参数对象，以指定命令在运行时获取参数值的位置，如从其他控件中、从查询字符串中等，或通过编程方式指定参数值。

2. 返回 DataSet 或 DataReader 对象

SqlDataSource 控件可以返回两种格式的数据：作为 DataSet 对象或作为 ADO.NET 数据读取器。通过设置数据源控件的 DataSourceMode 属性，可以指定要返回的格式。DataSet 对象包含服务器内存中的所有数据，并允许在检索数据后采用各种方式操作数据。数据读取器提供可获取单个记录的只读光标。通常，如果要在检索数据后对数据进行筛选、排序、分页，或者要维护缓存，可以选择返回数据集。相反，如果只希望返回数据并且正在使用页面上的控件显示该数据，则可以使用数据读取器。

3. 进行缓存

SqlDataSource 控件可以缓存它已检索的数据，这样可以避免开销很大的查询操作，从而增强应用程序的性能。只要数据相对稳定，且缓存的结果小得足以避免占用过多的系统内存，就可以使用缓存。默认情况下不启用缓存，将 EnableCaching 设置为 true，便可以启用缓存。缓存机制基于时间，可以将 CacheDuration 属性设置为缓存数据的秒数。

4．筛选

如果已为 SqlDataSource 控件启用缓存，并且已将数据集指定为 Select 查询返回的数据格式，则还可以筛选数据，而无需重新进行查询。SqlDataSource 控件支持 FilterExpression 属性，可以使用该属性指定应用于由数据源控件维护的数据的选择条件，还可以创建特殊的 FilterParameters 对象，这些对象在运行时为筛选表达式提供值，从而对筛选表达式进行参数化。

5．排序

SqlDataSource 控件支持在 DataSourceMode 设置为 DataSet 时相应绑定控件的排序请求。

5.2.3　SqlDataSource 控件的使用

（1）在"工具箱"中的"数据"选项卡下可以找到 SqlDataSource 控件，双击或拖拽到页面即可：

```
<asp:SqlDataSource ID="SqlDataSource1" runat="server"></asp:SqlDataSource>
```

（2）SqlDataSource 的配置可以通过"配置数据源"窗口设定，也可以通过属性设置。

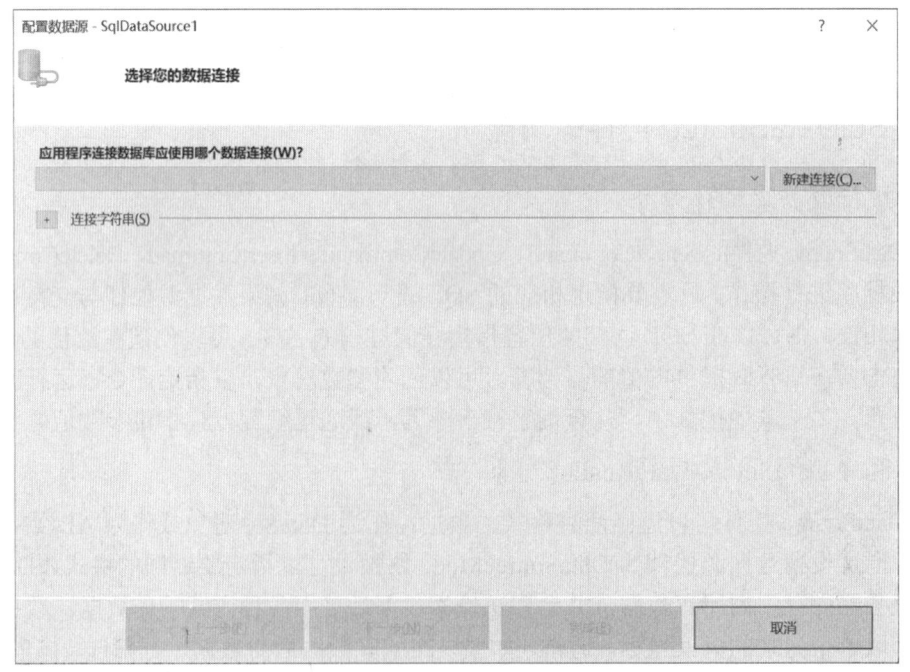

图 5.1　配置数据源

在窗口中来设置 ConnectionString 连接到 SQL Server 数据库 wlbcjs，设置 SelectCommand 的值存储 SQL 命令。设置完成后的代码如下：

```
<asp:SqlDataSource ID="SqlDataSource1" runat="server"
    ConnectionString="<%$ ConnectionStrings:ConnectionString %>"
```

```
ProviderName="<%$ ConnectionStrings:ConnectionString.ProviderName %>"
    SelectCommand="SELECT * FROM [studentInfo]"></asp:SqlDataSource>
```

其中，ConnectionString 保存在 Web.config 文件中，代码如下：

```
<connectionStrings>
    <add name="ConnectionString" connectionString="Provider=SQLOLEDB.1;Data Source=.;Integrated Security=SSPI;Initial Catalog=wlbcjs"
        providerName="System.Data.OleDb" />
</connectionStrings>
```

ConnectionString 属性用于获取或设置连接字符串，该字符串包含连接至数据库所需的信息。

ProviderName 属性用于获取或设置.NET Framework 数据提供程序的名称（默认为 System.Data.SqlClient）：

① System.Data.SqlClient 提供程序，用来访问 Microsoft SQL Server；
② System.Data.OleDb 提供程序，用来访问 OleDb 数据源；
③ System.Data.Odbc 提供程序，用来访问 Odbc 数据源；
④ System.Data.OracleClient 提供程序，用来访问 Oracle。

（3）当 SqlDataSource 控件的属性设置完毕之后，只需将数据绑定控件的 DataSourceID 属性设置为对应的 SqlDataSource 控件对象的 ID 即可。

例 5.1 使用 SqlDataSource 控件连接到 SQL Server 数据库，在 ListBox 控件显示学生信息，如图 5.2 所示。

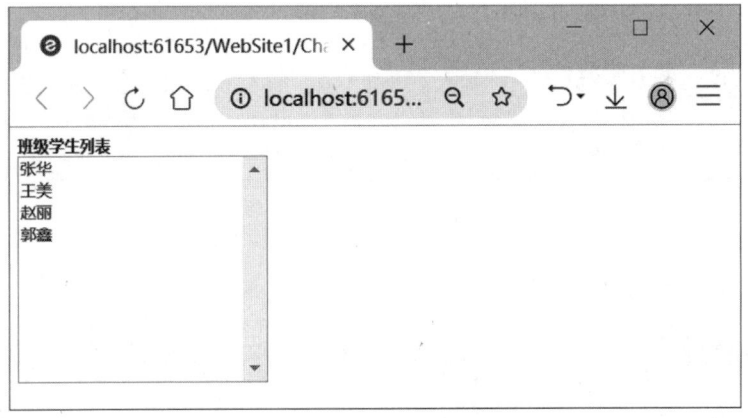

图 5.2 运行效果图

实现步骤如下：

（1）在页面中拖入一个 SqlDataSource 控件，或双击 SqlDataSource 控件。
（2）配置 SqlDataSource 控件的属性，可以在"属性"窗口中直接输入属性 Connection String 值，也可以利用"配置数据源"窗口来设置。通过 ConnectionString 连接到 SQL Server 数据库 wlbcjs。
（3）设置 SelectCommand 的值，它存储 SQL 命令。
（4）从工具箱中向页面中拖入一个 ListBox 控件，并设置该控件的 SqlDataSourceID 为 SqlDataSource 控件的 ID。

（5）设置 ListBox 控件的 DataTextField 和 DataValueField 属性。

Chapter501.aspx 核心代码如程序清单 5.1 所示。

【程序清单 5.1】文件 Chapter501.aspx 的核心代码

```
<asp:SqlDataSource ID="SqlDataSource1" runat="server"
        ConnectionString="<%$ ConnectionStrings:ConnectionString %>"
        ProviderName="<%$ ConnectionStrings:ConnectionString.ProviderName %>"
        SelectCommand="SELECT * FROM [studentInfo]"></asp:SqlDataSource>
<strong>班级学生列表</strong><br />
<asp:ListBox ID="ListBox1" runat="server" DataSourceID="SqlDataSource1"
        DataTextField="sname" DataValueField="sno"
        style="font-size: medium; font-weight: 700" Height="226px" Width="257px"></asp:ListBox>
```

例 5.2 使用 SqlDataSource 控件从数据库中检索数据，并把参数传递给 SQL 语句。在 DropDownList 中选择性别，在 ListBox 控件显示相应性别的学生信息。运行结果如图 5.3 所示。

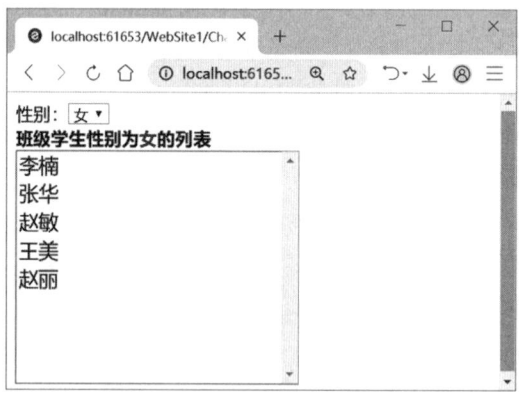

图 5.3 运行效果图

Chapter502.aspx 核心代码如程序清单 5.2 所示。

【程序清单 5.2】文件 Chapter502.aspx 的核心代码

```
性 别： <asp:DropDownList ID="DropDownList1" runat="server" AutoPostBack="True">
            <asp:ListItem>男</asp:ListItem>
            <asp:ListItem>女</asp:ListItem>
        </asp:DropDownList>

        <asp:SqlDataSource ID="SqlDataSource1" runat="server"
            ConnectionString="<%$ ConnectionStrings:ConnectionString2 %>"
            ProviderName="<%$ ConnectionStrings:ConnectionString2.ProviderName %>"
            SelectCommand="SELECT * FROM [studentInfo] WHERE ([ssex] = ?)">
            <SelectParameters>
```

```
            <asp:ControlParameter ControlID="DropDownList1" Name="ssex"
                PropertyName="SelectedValue" Type="String" />
        </SelectParameters>
    </asp:SqlDataSource>

    <br /><strong>班级学生性别为<asp:Label ID="Label1" runat="server"
ForeColor="Red"></asp:Label>的列表</strong><br />

    <asp:ListBox ID="ListBox1" runat="server" DataSourceID="SqlData Source1"
Height="203px"
        Width="255px" DataTextField="sname" DataValueField="sno"
        style="font-size: large"></asp:ListBox>
```

其中，SelectCommand 值的设置可参照图 5.4。设置 where 子句，参数值是 DropDownList1 的 SelectedValue。

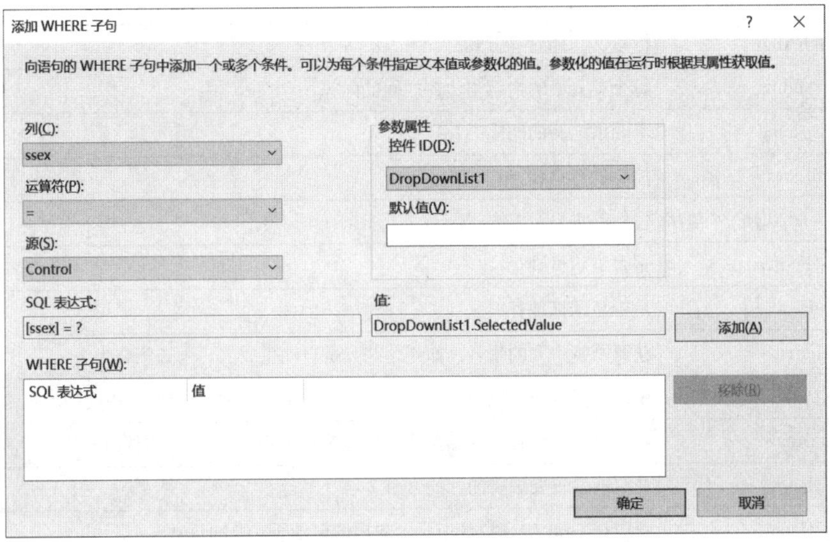

图 5.4 SelectCommand 中 where 子句的设置

5.3 GridView 控件

GridView 控件是 ASP.NET 的所有数据绑定控件中功能最强大、最实用的控件，用于将数据源的数据以表格的形式显示出来。GridView 控件的每一行表示数据源中的一条记录，每一列表示数据源中的一个字段。GridView 控件是 DataGrid 控件的后继控件，它不但具有更强大的数据网格显示与统计功能，而且使用更少的代码实现数据处理功能，如选择、排序、分页、编辑与数据统计等。

5.3.1 GridView 控件概述

GridView 控件是一个非常灵活的用于显示数据的网络控件，在编程过程中可以通过多种

方式进行数据绑定，还可以根据程序的需要来自定义列集合。其常用的属性见表 5.2。

表 5.2　GridView 控件常用属性

属性	说　　明
AlternatingRowStyle	定义表中每隔一行的样式属性
EditRowStyle	定义正在编辑行的样式属性
FooterStyle	定义网格页脚的样式属性
HeaderStyle	定义网格标题的样式属性
PagerStyle	定义网格分页器的样式属性
RowStyle	定义表中行的样式属性
SelectedRowStyle	定义当前所选行的样式属性
BackImageUrl	设置控件背景图像的 URL
Caption	控件标题中显示的文本
CaptionAlign	标题文本的对齐方式
CellPadding	每个单元格的内容与边界之间的间隔
CellSpacing	单元格之间的间隔
GridLines	控件的网格线样式
HorizontalAlign	控件的水平对齐方式
ShowFooter	是否显示页脚行
ShowHeader	是否显示标题行
Columns	获得网格中列的集合。如果这些列是自动生成的，则该集合为空
DataKeyNames	获取或设置一个数组，该数组包含了显示在 GridView 控件中的项的主键字段的名称
DataKeys	获得一个 DataKey 对象集合，这些对象表示 GridView 控件中的每一行的数据键值
EditIndex	获取或设置要编辑的行的索引
PageCount	获取在 GridView 控件中显示数据源记录所需要的页数
PageIndex	获取或设置当前显示页的索引
PageSize	获取或设置 GridView 控件在每页上所显示的记录的数目
Rows	获得控件中当前显示的数据行的集合
SelectedDataKey	获取 DataKey 对象，该对象包含 GridView 控件中选中行的数据键值
SelectedIndex	获取或设置 GridView 控件中的选中行的索引
SelectedRow	获取对 GridViewRow 对象的引用，该对象表示控件中的选中行
SelectedValue	获取 GridView 控件中选中行的数据键值
AllowPaging	指示是否启用分页功能，默认为 false
AllowSorting	指示是否启用排序功能，设置为 true 时单击某列可自动升降排序
AutoGenerateColumns	是否自动地为数据源中的每个字段创建列，默认为 true
AutoGenerateDeleteButton	是否包含一个按钮列以允许用户删除被单击行的记录
AutoGenerateEditButton	是否包含一个按钮列以允许用户编辑被单击行的记录
AutoGenerateSelectButton	是否包含一个按钮列以允许用户选择被单击行的记录

续表

属性	说　　明
DataMember	当数据源包含多个不同的数据项列表时，获取或设置数据绑定控件绑定到的数据列表的名称
DataSource	获取或设置包含用来填充该控件的值的数据源对象
DataSourceID	指示所绑定的数据源控件

在实际开发过程中，如果需要使用 GridView 控件来完成更高级的效果，在程序中要使用 GridView 控件的方法和事件，通过它们的辅助才能更加深入地进行事件和属性设置。表 5.3 为 GridView 控件常用的方法和事件。

表 5.3　GridView 控件常用的方法和事件

方法/事件	说　　明
DataBind	将数据源绑定到 GridView 控件
DeleteRow	从数据源中删除位于指定索引位置的记录
FindControl	在当前的命名容器中搜索指定的服务器控件
Focus	为控件设置输入焦点
GetType	获得当前实例的类型
HasControls	确定服务器控件是否包含任何子控件
IsBindableType	确定指定的数据类型是否能绑定到 GridView 控件中的列
Sort	根据指定的排序表达式和方向对 GridView 控件进行排序
UpdateRow	使用行的字段值更新到位于指定行索引位置的记录
PageIndexChanged	GridView 控件处理分页操作之后发生
PageIndexChanging	GridView 控件处理分页操作之前发生
RowCancelingEdit	单击编辑模式中某行的"取消"按钮以后，在该行退出编辑模式之前发生
RowCommand	单击 GridView 控件中的按钮时发生
RowCreated	在 GridView 控件中创建行时发生
RowDataBound	在 GridView 控件中将数据行绑定到数据时发生
RowDeleted	单击某一行的"删除"按钮，在 GridView 控件删除该行之后发生
RowDeleting	单击某一行的"删除"按钮，在 GridView 控件删除该行之前发生
RowEditing	单击某一行的"编辑"按钮，在 GridView 控件进入编辑模式之前发生
RowUpdated	单击某一行的"更新"按钮，在 GridView 控件对该行进行更新之后发生
RowUpdating	单击某一行的"更新"按钮，在 GridView 控件对该行进行更新之前发生
SelectedIndexChanged	单击某一行的"选择"按钮，在 GridView 控件对相应的选择操作进行处理之后发生
SelectedIndexChanging	单击某一行的"选择"按钮，在 GridView 控件对相应的选择操作进行处理之前发生
Sorted	单击用于列排序的超链接，GridView 控件对相应的排序操作进行处理之后发生
Sorting	单击用于列排序的超链接，GridView 控件对相应的排序操作进行处理之前发生

5.3.2 GridView 控件绑定数据

在"工具箱"的"数据"选项卡中双击 GridView 控件或将其拖拽至页面中，在 GridView 控件的右上方有一个小三角，单击小三角，选择"自动套用格式"，利用已有的格式对 GridView 控件进行修饰，如图 5.5 所示。此时 AutoGenerateColumns 属性值为 true（默认），数据源中的每一个字段会作为 GridView 控件中的列呈现出来，其顺序与每个字段在数据源中出现的顺序相同，并且列的名字与数据源中每个字段的名字相同。若要自定义 GridView 控件中显示的列，需要将 AutoGenerateColumns 属性值为 false。

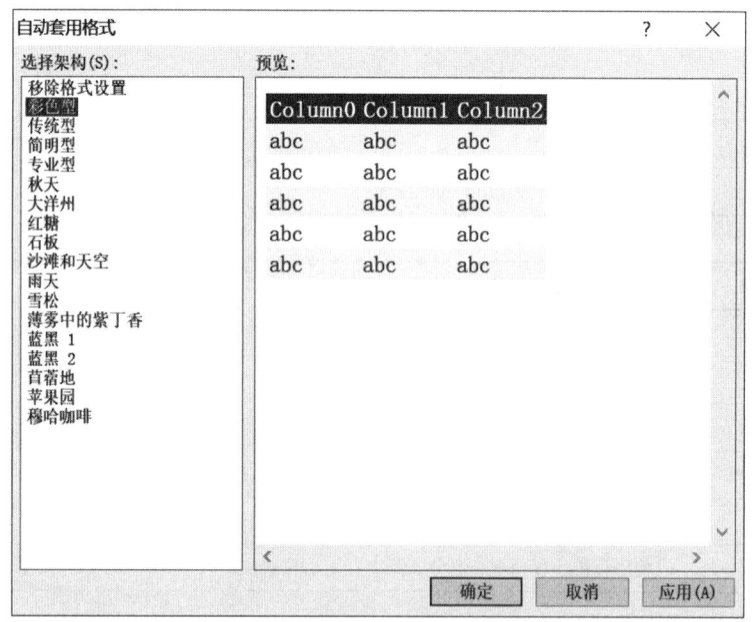

图 5.5 "自动套用格式"对话框

设置格式后 GridView 控件的前台代码如下：

```
    <asp:GridView   ID="GridView1"   runat="server"   CellPadding="4"   ForeColor="#333333"
            GridLines="None">
            <AlternatingRowStyle BackColor="White" />
            <FooterStyle BackColor="#990000" Font-Bold="True" ForeColor= "White" />
            <HeaderStyle BackColor="#990000" Font-Bold="True" ForeColor= "White" />
            <PagerStyle BackColor="#FFCC66" ForeColor="#333333" Horizontal Align="Center" />
            <RowStyle BackColor="#FFFBD6" ForeColor="#333333" />
            <SelectedRowStyle BackColor="#FFCC66" Font-Bold="True" ForeColor="Navy" />
            <SortedAscendingCellStyle BackColor="#FDF5AC" />
            <SortedAscendingHeaderStyle BackColor="#4D0000" />
            <SortedDescendingCellStyle BackColor="#FCF6C0" />
```

```
            <SortedDescendingHeaderStyle BackColor="#820000" />
        </asp:GridView>
```

1. 利用 SqlDataSource 将数据绑定到 GridView 控件

点击 GridView 控件右上方的三角，弹出如图 5.6 所示的任务列表，选择"<新建数据源...>"。

根据数据源配置向导新建数据源，配置方法详见 5.2，配置后会在前台页面自动增加如下代码：

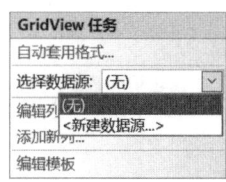

图 5.6　GridView 任务列表

```
<asp:SqlDataSource ID="SqlDataSource1" runat="server"
    ConnectionString="<%$ ConnectionStrings:ConnectionString %>"
    ProviderName="<%$ ConnectionStrings:ConnectionString.ProviderName %>"
    SelectCommand="SELECT * FROM [studentInfo]"></asp:SqlDataSource>
```

在 GridView 控件中会自动增加有关数据源的代码，如下所示：

```
<asp:GridView ID="GridView1" runat="server" AutoGenerateColumns="False"
    CellPadding="4" DataSourceID="SqlDataSource1" ForeColor="#333333"
    GridLines="None">
    <AlternatingRowStyle BackColor="White" />
    <Columns>
        <asp:BoundField DataField="sno" HeaderText="sno" SortExpression="sno" />
        <asp:BoundField DataField="sname" HeaderText="sname" SortExpression="sname" />
        <asp:BoundField DataField="ssex" HeaderText="ssex" SortExpression="ssex" />
        <asp:BoundField DataField="sage" HeaderText="sage" SortExpression="sage" />
    </Columns>
    <FooterStyle BackColor="#990000" Font-Bold="True" ForeColor= "White" />
    <HeaderStyle BackColor="#990000" Font-Bold="True" ForeColor= "White" />
    <PagerStyle BackColor="#FFCC66" ForeColor="#333333" HorizontalAlign="Center" />
    <RowStyle BackColor="#FFFBD6" ForeColor="#333333" />
    <SelectedRowStyle BackColor="#FFCC66" Font-Bold="True" ForeColor="Navy" />
    <SortedAscendingCellStyle BackColor="#FDF5AC" />
    <SortedAscendingHeaderStyle BackColor="#4D0000" />
    <SortedDescendingCellStyle BackColor="#FCF6C0" />
    <SortedDescendingHeaderStyle BackColor="#820000" />
</asp:GridView>
```

运行后效果如图 5.7 所示。

2. 利用编写的代码将数据绑定到 GridView 控件

添加引用：

```
using System.Data;
using System.Data.OleDb;
```

sno	sname	ssex	sage
2020009	宋伟	男	23
2020010	李楠	女	24
2020011	佟鑫	男	25
2020004	张华	女	23
2020012	赵敏	女	22
2020005	王美	女	20
2020007	赵丽	女	27
2020008	郭鑫	男	27

图 5.7 运行结果

在 Page_Load 中编写如下代码：

```
string conStr = "Provider=SQLOLEDB.1;Integrated Security=SSPI;Persist Security Info=False;Initial Catalog=wlbcjs;Data Source=.";
        OleDbConnection con = new OleDbConnection(conStr);
        con.Open();
        string sql = "select * from studentInfo";
        OleDbDataAdapter adapter = new OleDbDataAdapter(sql, con);
        DataSet dataSet = new DataSet();
        adapter.Fill(dataSet);
        GridView1.DataSource = dataSet;
        GridView1.DataBind();
        con.Close();
```

5.3.3　GridView 控件定义列

5.3.2 中 GridView 控件的 AutoGenerateColumns 属性值为 true，这种自动生成列的方法对于简单快速地创建页面非常实用，但是它在自动化的同时却没有智能化，缺少灵活性。因此，使用自定义方式来定义 GridView 控件时，需将该属性值设置为 false。GridView 控件中的列字段类型见表 5.4。

表 5.4　GridView 控件中的列字段类型

列字段	说　　明
BoundField	显示数据源中的某个字段的值，是 GridView 控件的默认列类型
ButtonField	为控件中的每一项显示一个命令按钮，用于创建一列自定义的按钮控件，如"添加"或"移除"按钮等
CheckBoxField	为控件中的每一项显示一个复选框，此列字段类型通常用于显示具有布尔值的字段
CommandField	显示用来执行选择、编辑或删除操作的预定义命令按钮
HyperLinkField	将某个字段的值显示为超链接，此列字段类型允许将另一个字段绑定到超链接的 URL
ImageField	为 GridView 控件中的每一项显示一个图像
TemplateField	根据指定的模板为 GridView 控件中的每一项显示用户定义的内容，此列字段类型允许创建自定义的列字段

GridView 控件的列字段编辑器如图 5.8 所示。

第 5 章　数据绑定和数据控件

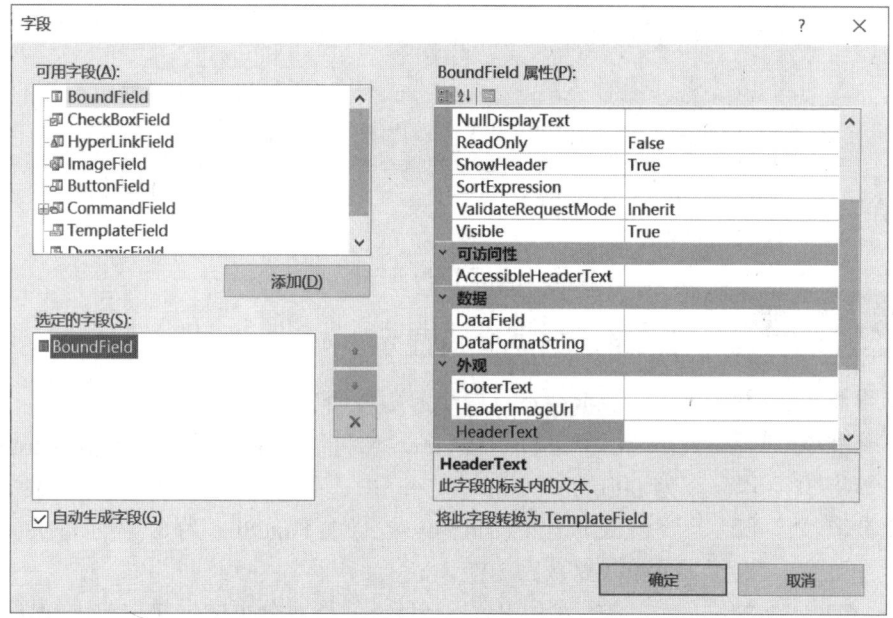

图 5.8　GridView 控件的列字段编辑器

例 5.3　使用 BoundField 列显示数据库中数据。

实现步骤如下：

（1）添加 BoundField 列，设置其 DataField 属性值为数据源字段名；

（2）设置 HeaderText 属性为相应显示的内容；

（3）编写代码进行绑定即可，代码参考 5.3.2。

Chapter503.aspx 核心代码如程序清单 5.3 所示。

【程序清单 5.3】文件 Chapter503.aspx 的核心代码

```
<asp:GridView ID="GridView1" runat="server" AutoGenerateColumns= "False"
    CellPadding="4" ForeColor="#333333" GridLines="None">
    <AlternatingRowStyle BackColor="White" />
    <Columns>
        <asp:BoundField DataField="sno" HeaderText="学号" />
        <asp:BoundField DataField="sname" HeaderText="姓名" />
        <asp:BoundField DataField="ssex" HeaderText="性别" />
        <asp:BoundField DataField="sage" HeaderText="年龄" />
    </Columns>
    <FooterStyle BackColor="#990000" Font-Bold="True" ForeColor= "White" />
    <HeaderStyle BackColor="#990000" Font-Bold="True" ForeColor= "White" />
    <PagerStyle BackColor="#FFCC66" ForeColor="#333333" HorizontalAlign="Center" />
    <RowStyle BackColor="#FFFBD6" ForeColor="#333333" />
```

```
            <SelectedRowStyle BackColor="#FFCC66" Font-Bold="True" Fore- Color=
"Navy" />
            <SortedAscendingCellStyle BackColor="#FDF5AC" />
            <SortedAscendingHeaderStyle BackColor="#4D0000" />
            <SortedDescendingCellStyle BackColor="#FCF6C0" />
            <SortedDescendingHeaderStyle BackColor="#820000" />
        </asp:GridView>
```

运行结果如图 5.9 所示。

5.3.4 数据分页显示

数据分页显示实现步骤如下：

（1）设置 GridView 控件的 AllowPaging 属性值为 true（默认为 false）；

（2）设置 GridView 控件的 PageSize 为 8，表示每页显示的记录数（默认为 10）；

（3）利用 PageSettings 属性对分页的导航按钮进行详细设置。其中，Mode 子属性用于设置分页模式，可以从下拉列表中选择以下 4 个属性值之一：Numeric（默认值，用数字 1、2、3 等表示分页）、NextPrevious（显示"上一页""下一页"）、NextPreviousFirstLast（显示"首页""上一页""下一页""最后一页"）、NumericFirstLast（显示"首页""最后一页"，中间页用数字表示）。当 Mode 属性设定不是 Numeric 时，可以通过设定 FirstPageText、LastPageText 等子属性来设置分页导航上首页、末页、下页、上页显示的文字提示。

（4）添加 PageIndexChanging 事件，在事件中设置 GridView 控件的 PageIndex 属性为当前页并重新绑定数据。

例 5.4 GridView 分页，运行结果如图 5.10 所示。

图 5.9 运行结果

图 5.10 运行结果

主要代码如下：

```
    protected void GridView1_PageIndexChanging(object sender, GridViewPage
EventArgs e)
```

```
    {
        GridView1.PageIndex = e.NewPageIndex;
        GridView1.DataSource = dataSet;
        GridView1.DataBind();
    }
```

5.3.5 数据排序

数据排序实现步骤如下：

（1）设置 GridView 控件的 AllowSorting 属性值为 true，则网格中所有列的标题 Header 都变成了一个超链接，实际上就是一个 LinkButton 控件；

（2）设置 SortExpression 属性，方法如图 5.11 所示；

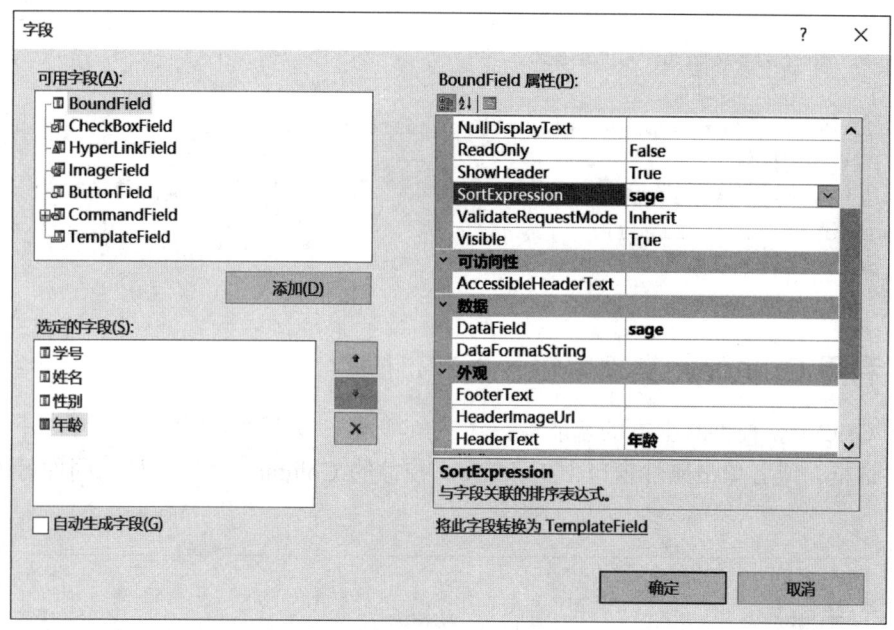

图 5.11 运行结果

（3）添加 Sorting 事件。在 Sorting 事件中需要做四件事，分别是查询数据、将数据表放到数据视图中、设定视图的排序方式、绑定控件。

例 5.5 GridView 实现排序。

主要的代码如下。

```
public static string sortdirection = "asc";//定义全局变量,用于记录当前排序方向(正序/倒序)
//为GridView添加的Sorting事件
protected void GridView1_Sorting(object sender, GridViewSortEventArgs e)
{
    //1、数据查询
    string conStr = "Provider=SQLOLEDB.1;Integrated Security=SSPI;Persist Security Info=False;Initial Catalog=wlbcjs;Data Source=.";
    OleDbConnection con = new OleDbConnection(conStr);
```

```
con.Open();
string sql = "select * from studentInfo";
OleDbDataAdapter adapter = new OleDbDataAdapter(sql, con);
DataSet dataSet = new DataSet();
adapter.Fill(dataSet,"tabStu");
//2、将数据表放到数据视图中
DataView dv = new DataView(dataSet.Tables["tabStu"]);
//3、设定视图的排序方式
if (sortdirection == "desc")
{
    sortdirection = "asc";
}
else
{
    sortdirection = "desc";
}
dv.Sort=e.SortExpression+" "+sortdirection;
//4、绑定控件
GridView1.DataSource = dv;
GridView1.DataBind();
con.Close();
}
```

5.3.6 利用 GridView 实现编辑、更新、删除

单击 GridView 控件右上方的智能标记（三角符号），选择"编辑列"即可打开如图 5.12 所示的对话框。或者单击属性窗口中 GridView 控件的 Columns 属性值列，同样可以打开该对话框。

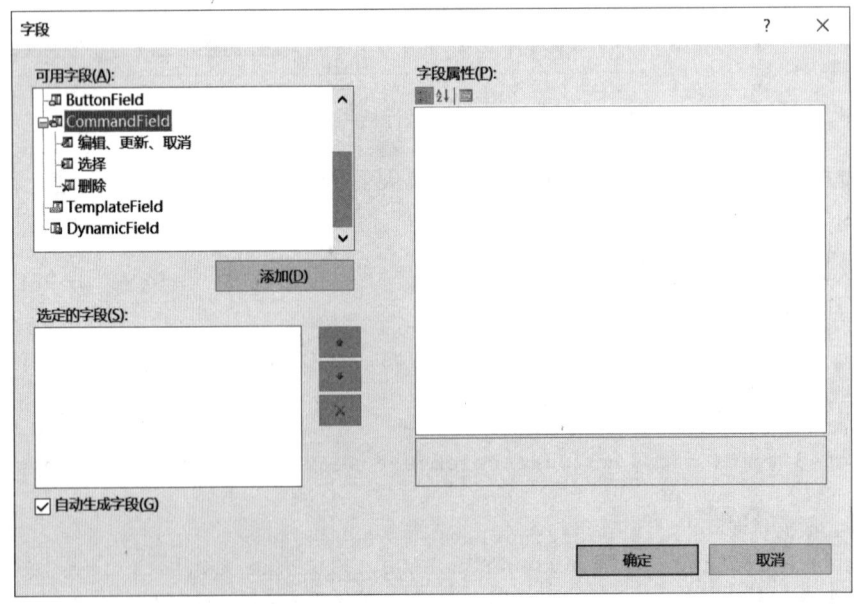

图 5.12　GridView 的 CommandField 实现编辑、更新等功能

在“可用字段”中选择 CommandField，其中包含了三个常见的命令，可根据需要选择相应的命令字段。也可以将 GridView 属性中的 AutoGenerateDeleteButton、AutoGenerateEditButton、AutoGenerateSelectButton 设置为 true 来生成删除、编辑和选择命令字段。单击每一行的“编辑”，便出现“更新”和“取消”按钮，同时当前行的数值都放在了文本框中，可以对其进行编辑，点击“更新”即可保存，点击“取消”则取消对当前内容的编辑。点击“删除”，则可删除当前行记录。

（1）编辑。添加 RowEditing 事件，在事件中设定 GridView 的 EditIndex 属性为当前行并绑定数据即可。

（2）更新。添加 RowUpdating 事件，在事件中获得修改后的内容、更新数据库、重新绑定数据即可。

（3）取消。添加 RowCancelingEdit 事件，在事件中设定 GridView 的 EditIndex 属性值为 -1，并重新绑定数据即可。

（4）删除。添加 RowDeleting 事件，在事件中获取当前行的关键字段值、操作数据库、重新绑定数据即可。

例 5.6 GridView 实现数据维护，程序运行结果如图 5.13 所示。

学号	姓名	性别	年龄	
2020009	宋伟	男	23	
2020010	李楠	女	24	删除 编辑
2020011	佟鑫	男	25	删除 编辑
2020004	张华	女	23	删除 编辑
2020012	赵敏	女	22	删除 编辑
下一页 最后页				

图 5.13　GridView 实现数据维护

关键代码如下：

```
//删除
protected void GridView1_RowDeleting(object sender, GridViewDeleteEvent Args e)
    {
        //1.获取此行的关键字段值
        string sno = GridView1.DataKeys[e.RowIndex].Value.ToString();//
        //2.操作数据库,执行 delete 命令
        string conStr = "Provider=SQLOLEDB.1;Integrated Security=SSPI; Persist
Security Info=False;Initial Catalog=wlbcjs;Data Source=.";
        OleDbConnection con = new OleDbConnection(conStr);
        con.Open();
string sql = "delete from studentInfo where sno='"+sno+"'";
        OleDbCommand cmd = new OleDbCommand(sql,con);
        cmd.ExecuteNonQuery();
//3.重新绑定数据,此方法为程序员自己封装好的方法,实现将数据绑定给 GridView
        bind();
    }
//编辑
protected void GridView1_RowEditing(object sender, GridViewEditEventArgs e)
    {
//1.设定当前行为要编辑的行
```

```csharp
            GridView1.EditIndex = e.NewEditIndex;
    //2.重新绑定数据
            bind();
        }
    //取消
        protected void GridView1_RowCancelingEdit(object sender, GridViewCancelEditEventArgs e)
        {
    //1.取消编辑
            GridView1.EditIndex = -1;
    //2.重新绑定数据
            bind();
        }
    //更新
        protected void GridView1_RowUpdating(object sender, GridViewUpdateEventArgs e)
        {
            //1.获取此行的关键字段值
    string oldSno = GridView1.DataKeys[e.RowIndex].Value.ToString();
    //2.获取修改后的字段值
    string sno = ((TextBox)GridView1.Rows[e.RowIndex].Cells[0].Controls[0]).Text.ToString();
            string sname = ((TextBox)GridView1.Rows[e.RowIndex].Cells[1].Controls[0]).Text.ToString();
            string ssex = ((TextBox)GridView1.Rows[e.RowIndex].Cells[2].Controls[0]).Text.ToString();
            string sage = ((TextBox)GridView1.Rows[e.RowIndex].Cells[3].Controls[0]).Text.ToString();
    //3.修改数据库,执行update 语句
            string sql = "update studentInfo set sno='"+sno+"',sname='"+sname+"',ssex='"+ssex+"',sage='"+sage+"' where sno='"+oldSno+"'";
            string conStr = "Provider=SQLOLEDB.1;Integrated Security=SSPI;Persist Security Info=False;Initial Catalog=wlbcjs;Data Source=.";
            OleDbConnection con = new OleDbConnection(conStr);
            con.Open();
            OleDbCommand cmd = new OleDbCommand(sql,con);
            cmd.ExecuteNonQuery();
    //4.退出编辑模式
            GridView1.EditIndex = -1;
    //5.重新绑定数据
            bind();
        }
    //bind()方法
        public void bind()
        {
            string conStr = "Provider=SQLOLEDB.1;Integrated Security=SSPI; Persist Security Info=False;Initial Catalog=wlbcjs;Data Source=.";
            OleDbConnection con = new OleDbConnection(conStr);
            con.Open();
            string sql = "select * from studentInfo";
            OleDbDataAdapter adapter = new OleDbDataAdapter(sql, con);
            DataSet dataSet = new DataSet();
```

```
    adapter.Fill(dataSet);
    GridView1.DataSource = dataSet;
    GridView1.DataBind();
    con.Close();
}
```

5.3.7 GridView 模板列

一些情况下使用标准的列并不能满足显示的要求,这时就需要使用模板列。模板列让开发人员可以处理列的显示细节,解决预定义的列不能提供的功能,GridView 控件使用 TemplateField 创建自定义的模板,当用户在 GridView 控件中使用模板列时,需要根据不同的 GridView 位置来编辑不同的模板列,比如想自定义 GridView 控件的表头,可以编辑 HeaderTemplate 模板,对于每一行可以编辑 Itemtemplate 模板。GridView 控件提供了表 5.5 所示的模板列。

表 5.5　GridView 控件的模板列

模板名称	说　　明
AlternatingItemTemplate	为交替项指定要显示的内容
EditItemTemplate	为处于编辑模式中的项指定要显示的内容
FooterTemplate	为对象的脚注部分指定要显示的内容
HeaderTemplate	为表头部分指定要显示的内容
ItemTemplate	为 TemplateField 对象中的项指定要显示的内容

单击 GridView 控件右上方的智能标记(三角符号),选择"编辑列"即可打开如图 5.14 所示的对话框。或者单击属性窗口中 GridView 控件的 Columns 属性值列,同样可以打开该对话框。在该对话框中选择"TemplateField",点击"添加"即可在相应的位置添加模板列。

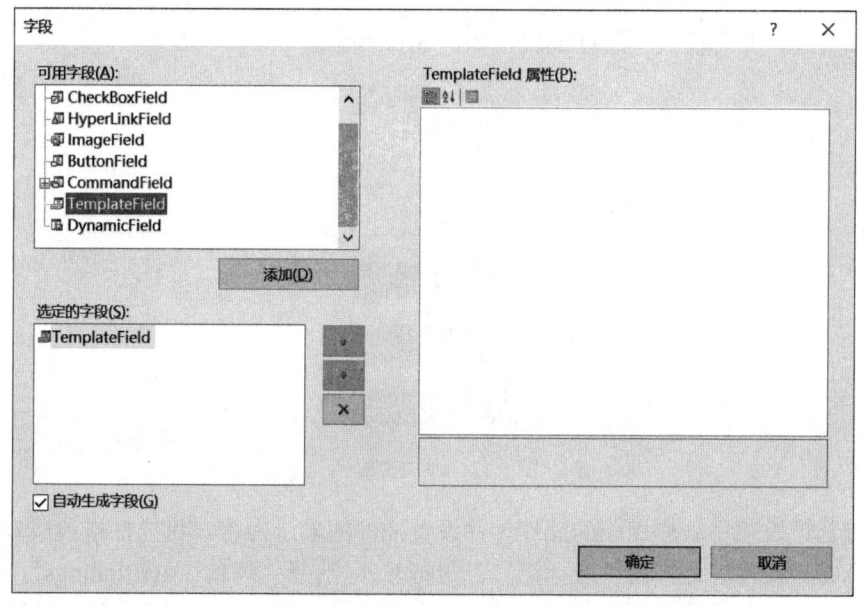

图 5.14　GridView 中添加模板列

单击 GridView 控件右上方的智能标记（三角符号），选择"编辑模板"即可打开如图 5.15 所示的对话框，实现对模板的编辑。

例 5.7 在例 5.6 的基础上，将"性别"列改为"模板列"，当点击编辑时使其为 DropDownList 控件供用户选择性别，程序运行结果如图 5.16 所示。

图 5.15 GridView 中编辑模板列

学号	姓名	性别	年龄		
2020009	宋伟	男 ▼	23	更新 取消
2020010	李楠	女	24	删除	编辑
2020011	佟鑫	男	25	删除	编辑
2020004	张华	女	23	删除	编辑
2020012	赵敏	女	22	删除	编辑
下一页 最后页					

图 5.16 使用编辑模板列的运行结果

添加模板列，并对模板列进行编辑，如图 5.17 所示。

图 5.17 添加模板列

在相应的模板项里添加相应的控件，并设置控件的显示内容。将控件拖拽或双击到相应的位置，点击该控件右上方的智能标记（三角符号），选择"编辑 DataBindings"，设置 Text 属性值。在"代码表达式"中输入绑定值 Eval("ssex")，其中 ssex 为数据库字段名。

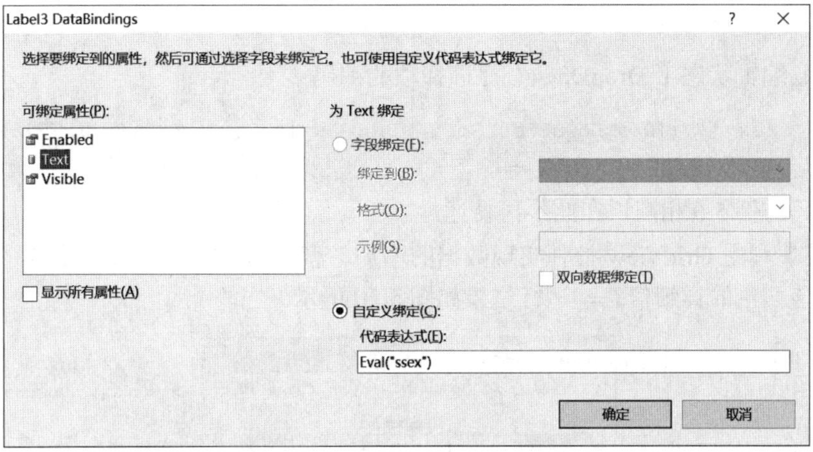

图 5.18 ItemTemplate 中 Label 编辑 DataBindings 窗口

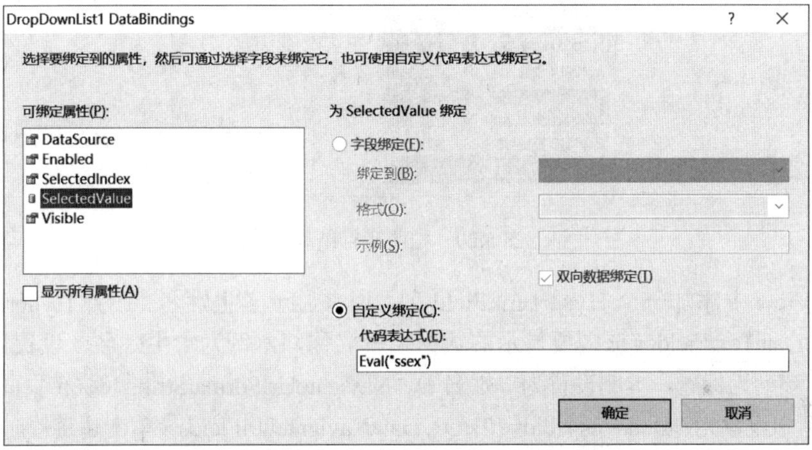

图 5.19 EditItemTemplate 中 DropDownList 编辑 DataBindings 窗口

前台关键代码如下：

```
<asp:TemplateField>
    <EditItemTemplate>
        <asp:DropDownList ID="DropDownList1" runat="server" SelectedValue= '<%# Eval("ssex")%>'>
            <asp:ListItem>男</asp:ListItem>
            <asp:ListItem>女</asp:ListItem>
        </asp:DropDownList>
    </EditItemTemplate>
    <HeaderTemplate>
        性别
    </HeaderTemplate>
    <ItemTemplate>
        <asp:Label ID="Label3" runat="server" Text='<%# Eval("ssex")%>'></asp:Label>
    </ItemTemplate>
```

```
</asp:TemplateField>
```

后台获取编辑状态下 DropDownList 选择项的编码:

```
string ssex = ((DropDownList)GridView1.Rows[e.RowIndex].Cells[2].FindControl
("DropDownList1")).SelectedValue;
```

其他编码与例 5.6 相同,在此不再赘述。

例 5.8 利用 GridView 控件实现数据的增加、删除、修改,点击"姓名"跳转到另一页面,显示该学生的详细信息,运行结果如图 5.20 所示。

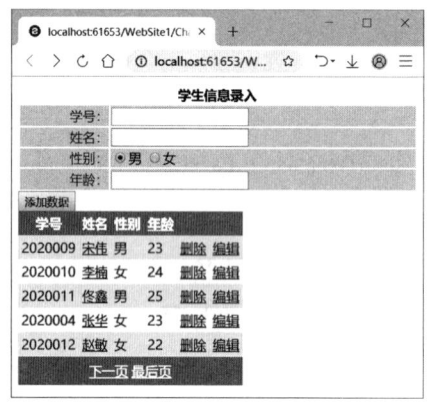

图 5.20　程序运行结果

在 GridView 中添加一个 HyperLinkField 列,用来显示学生姓名。设置 HyperLinkField 的属性主要有 DataTextField(该列要显示的数据字段名称,本例为学生姓名,设置为 sname)、HeaderText(该列为标题,本例设置为"姓名")、NavigateUrlFormatString(跳转页面时传递的参数格式,本例中设置为"Detail.aspx?id={0}")、DataNavigateUrlFields(单击超链接时会用该字段的值替换 NavigateUrlFormatString 中的{0},本例设置为 sno),可通过图 5.21 窗口进行设置。

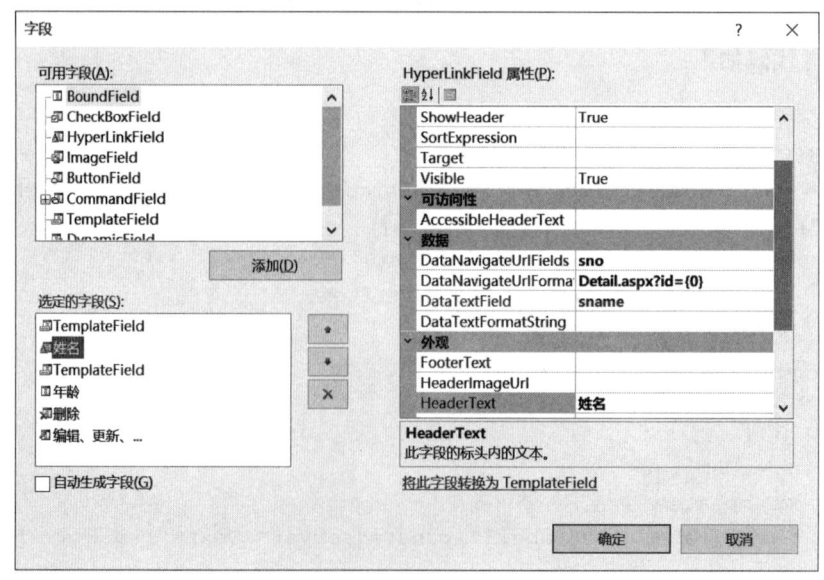

图 5.21　GridView 超级链接字段属性设置

添加数据：

```
protected void Button1_Click(object sender, EventArgs e)
    {
        string conStr = "Provider=SQLOLEDB.1;Integrated Security=SSPI;Persist Security Info=False;Initial Catalog=wlbcjs;Data Source=.";
        OleDbConnection con = new OleDbConnection(conStr);
        con.Open();
        string sex = "";
        if (RadioButton1.Checked)
        {
            sex = "男";
        }
        else
        {
            sex = "女";
        }
        string sql = "insert into studentInfo(sno,sname,ssex,sage)values ('" + txtSno.Text + "','" + txtName.Text + "','" + sex + "','" + txtAge.Text + "')";
        OleDbCommand cmd = new OleDbCommand(sql, con);
        cmd.ExecuteNonQuery();
        con.Close();
        bind();
    }
```

Detail.aspx 页面，获取传递的参数 id：

```
Request.QueryString["id"]
```

利用该值在数据库中获取该学生的更详细的信息。其他功能的实现不在此赘述，相关功能可参考之前的有关实例。

5.4 DataList 控件

DataList 控件是以自定义格式显示 Web 页中任何数据源的数据，它的灵活性比 GridView 控件更高。但 DataList 控件本身不支持数据分页，编程者需要自己编写方法完成分页，或借助于 PageDataSource 类或者第三方控件如 AspNetPager 来实现分页功能。

DataList 控件同样具有 ItemTemplate、AlternatingItemTemplate、EditItemTemplate、HeaderTemplate、FooterTemplate 模板用于格式化控件的输出，并且还提供了两个模板：SelectedItemTemplate（当前选定区域模板）和 SeparatorTemplate（分隔模板）。除了显示数据项的模板 ItemTemplate 之外，其余几个模板一般都是可选项，用户可根据需求选择相应的模板进行设计。

DataList 控件常用的属性见表 5.6。

表 5.6 DataList 控件的常用属性

属性	说明
AlternatingItemStyle	间隔项（交替项）的样式
EditItemStyle	正在编辑的项的样式
HeaderStyle	列表开始处的表头样式
FooterStyle	列表结尾处的脚注样式
ItemStyle	单个项的样式
SelectedItemStyle	选定项的样式
SeparatorStyle	各项之间的分隔符的样式
CellPadding	单元格中的元素与边框之间的距离
CellSpacing	两个单元格之间的距离
DataKeyField	要显示的数据的主键字段
DataKeys	主键集合，是一些数据字段集合
DataSource	绑定的数据源
EditItemIndex	当前编辑网格的索引
GridLines	网格边线样式，可取值 None、Columns、Rows、Both
Items	单元对象的集合
RepeatColumns	把多少行数据结合在一行中显示，也即控件中每行的列数
RepeatDirection	控件显示方向，可取值 Vertical 或 Horizontal
RepeatLayOut	显示外观，可取值 Flow 或 Table，默认值为 Table
SelectedIndex	当前所选网格的索引
SelectedItem	获取当前控件中的选定项
ShowFooter	是否显示数据附加行（脚注行），取值为 true 或 false
ShowHeader	是否显示表头，取值为 true 或 false

DataList 控件常用的事件见表 5.7。

表 5.7 DataList 控件的常用事件

事件	说明
CancelCommand	对 DataList 控件中的某项单击 Cancel 按钮时发生
DeleteCommand	对 DataList 控件中的某项单击 Delete 按钮时发生
UpdateCommand	对 DataList 控件中的某项单击 Update 按钮时发生
EditCommand	对 DataList 控件中的某项单击 Edit 按钮时发生
ItemCommand	当单击 DataList 控件中的任一按钮时发生
ItemCreated	当在 DataList 控件中创建项时在服务器上发生
SelectedIndexChanged	在两次服务器发送之间，在数据列表控件中选择了不同的项时发生

例 5.9 DataList 控件综合实例，点击"详细"查看学生更详细的信息、点击"编辑"对学生信息进行维护，同时也可"取消"或"删除"数据，运行结果如图 5.22 所示。

图 5.22　DataList 显示数据

步骤一：利用 ItemTemplate 模板确定显示数据。

将 DataList 控件拖拽入页面，点击智能标记，选择"编辑模板"，在 ItemTemplate 中设定显示数据项内容。使用 Eval("字段名称") 的方式来绑定显示字段的值，并添加三个 LinkButton，核心代码如下：

```
<ItemTemplate>
    <table style="width:100%;">
        <tr>
            <td rowspan="4">
                 </td>
            <td>
                姓名:</td>
            <td>
<asp:Label ID="Label1" runat="server" Text='<%# Eval("sname")%>'></asp:Label>
            </td>
        </tr>
        <tr>
            <td>
                学号:</td>
            <td>
<asp:Label ID="Label2" runat="server" Text='<%# Eval("sno")%>'></asp:Label>
            </td>
        </tr>
        <tr>
            <td>
                年龄:</td>
            <td>
<asp:Label ID="Label3" runat="server" Text='<%# Eval("sage")%>'></asp:Label>
            </td>
        </tr>
        <tr>
            <td>
                 </td>
            <td>
```

```
    <asp:LinkButton ID="LinkButton1" runat="server" CommandName="select">详细</asp:LinkButton>
    <asp:LinkButton ID="LinkButton2" runat="server" CommandName="delete">删除</asp:LinkButton>
    <asp:LinkButton ID="LinkButton3" runat="server" CommandName="edit">编辑</asp:LinkButton>
                </td>
            </tr>
        </table>
</ItemTemplate>
```

其中，按钮控件（Button、LinkButton、ImageButton）的 CommandName 属性分别为 cancel、delete、update、edit 时会触发 CancelCommand、DeleteCommand、UpdateCommand、EditCommand 事件。"详细"按钮的 CommandName 属性不是 cancel、delete、update、edit，因此点击该按钮时会触发 ItemCommand 事件。

步骤二：利用 SelectedItemTemplate 模板实现"详细"功能。

点击智能标记，选择"编辑模板"，在 SelectedItemTemplate 中设定显示数据项内容，此功能可用于实现显示更加详细的数据信息，并在最下方添加"关闭"按钮（图 5.23）。核心代码如下：

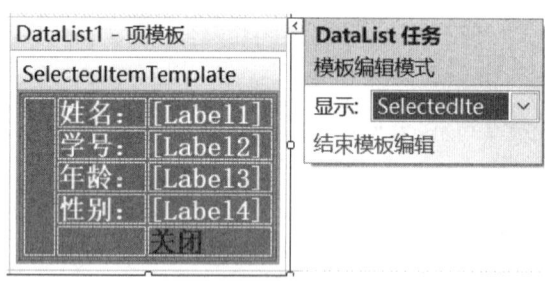

图 5.23 SelectedItemTemplate 设定显示数据项

```
<SelectedItemTemplate>
        <table style="width:100%;">
            <tr>
                <td rowspan="5">
                     </td>
                <td>
                    姓名:</td>
                <td>
    <asp:Label ID="Label1" runat="server" Text='<%# Eval("sname")%>'></asp:Label>
                </td>
            </tr>
            <tr>
                <td>
                    学号:</td>
                <td>
    <asp:Label ID="Label2" runat="server" Text='<%# Eval("sno")%>'>
```

```
</asp:Label>
                    </td>
                </tr>
                <tr>
                    <td>
                        年龄:</td>
                    <td>
            <asp:Label ID="Label3" runat="server" Text='<%# Eval("sage")%>'>
</asp:Label>
                    </td>
                </tr>
                <tr>
                    <td>
                        性别:</td>
                    <td>
            <asp:Label ID="Label4" runat="server" Text='<%# Eval("ssex")%>'>
</asp:Label>
                    </td>
                </tr>
                <tr>
                    <td>
                         </td>
                    <td>
        <asp:LinkButton ID="LinkButton1" runat="server" CommandName="close">关
闭</asp:LinkButton>
                    </td>
                </tr>
            </table>
        </SelectedItemTemplate>
```

其中,"关闭"按钮的 CommandName 属性为 close,不是 cancel、delete、update、edit,因此点击该按钮时会触发 ItemCommand 事件。

在 ItemCommand 事件中利用触发事件的按钮的 CommandName 属性值判断各自该实现的功能。核心代码如下:

```
protected void DataList1_ItemCommand(object source, DataListCommand
EventArgs e)
    {
        if (e.CommandName == "close")//关闭
        {
            DataList1.SelectedIndex = -1;//退出选择模式
            bind();//重新绑定数据
        }
        if (e.CommandName == "select")//详细
        {
            DataList1.SelectedIndex = e.Item.ItemIndex;//进入选择模式
            bind();//重新绑定数据
        }
    }
```

步骤三：利用 EditItemTemplate 模板实现"编辑"功能。

点击智能标记，选择"编辑模板"，在 EditItemTemplate 中设定编辑数据项，并在最下方添加"取消""更新"按钮。核心代码如下：

```
<EditItemTemplate>
    <table style="width:100%;">
        <tr>
            <td rowspan="4">
                 </td>
            <td>
                姓名:</td>
            <td>
                <asp:TextBox ID="TextBox1" runat="server" Text='<%# Eval("sname")%>'></asp:TextBox>
            </td>
        </tr>
        <tr>
            <td>
                学号:</td>
            <td>
                <asp:TextBox ID="TextBox2" runat="server" Text='<%# Eval("sno")%>'></asp:TextBox>
            </td>
        </tr>
        <tr>
            <td>
                年龄:</td>
            <td>
                <asp:TextBox ID="TextBox3" runat="server" Text='<%# Eval ("sage")%>'></asp:TextBox>
            </td>
        </tr>
        <tr>
            <td>
                 </td>
            <td>
    <asp:LinkButton ID="LinkButton1" runat="server" CommandName="update">更新</asp:LinkButton>
    <asp:LinkButton ID="LinkButton2" runat="server" CommandName="cancel">取消</asp:LinkButton>
            </td>
        </tr>
    </table>
</EditItemTemplate>
```

点击"编辑"按钮，该按钮的 CommandName 属性为 edit，触发 EditCommand 事件，核心代码如下：

```
protected void DataList1_EditCommand(object source, DataListCommand
EventArgs e)
    {
        DataList1.EditItemIndex = e.Item.ItemIndex;//进入编辑模式
        bind();//重新绑定数据
    }
```

点击"取消"按钮，按钮的 CommandName 属性为 cancel，触发 CancelCommand 事件，核心代码如下：

```
protected void DataList1_CancelCommand(object source, DataListCommand
EventArgs e)
    {
        DataList1.EditItemIndex = -1;//退出编辑模式
        bind();//重新绑定数据
    }
```

点击"更新"按钮，该按钮的 CommandName 属性为 update，触发 EditCommand 事件，核心代码如下：

```
protected void DataList1_UpdateCommand(object source, DataListCommand
EventArgs e)
    {
        string sno = ((TextBox)e.Item.FindControl("TextBox2")).Text.ToString();
        string sname = ((TextBox)e.Item.FindControl("TextBox1")).Text.ToString();
        string sage = ((TextBox)e.Item.FindControl("TextBox3")).Text.ToString();
        string oldSno = DataList1.DataKeys[e.Item.ItemIndex].ToString();
        string sql = "update studentInfo set sno='" + sno + "',sname='" + sname + "',sage='" + sage + "' where sno='" + oldSno + "'";
        string conStr = "Provider=SQLOLEDB.1;Integrated Security=SSPI;Persist Security Info=False;Initial Catalog=wlbcjs;Data Source=.";
        OleDbConnection con = new OleDbConnection(conStr);
        con.Open();
        OleDbCommand cmd = new OleDbCommand(sql, con);
        cmd.ExecuteNonQuery();
        DataList1.EditItemIndex = -1;
        bind();
    }
```

步骤四：实现"删除"功能。

点击"删除"按钮，按钮的 DeleteCommand 属性为 delete，触发 DeleteCommand 事件，核心代码如下：

```
protected void DataList1_DeleteCommand(object source, DataListCommand
EventArgs e)
    {
        //建立连接
        string conStr = "Provider=SQLOLEDB.1;Integrated Security=SSPI;Persist Security Info=False;Initial Catalog=wlbcjs;Data Source=.";
        OleDbConnection con = new OleDbConnection(conStr);
```

```
            con.Open();
            string sno = DataList1.DataKeys[e.Item.ItemIndex].ToString();
            string sql = "delete from studentInfo where sno='" + sno + "'";
            OleDbCommand cmd = new OleDbCommand(sql, con);
            cmd.ExecuteNonQuery();

            bind();
    }
```

提示：((TextBox)e.Item.FindControl("TextBox2")).Text.ToString()用于获取模板中TextBox 的值；<%# Eval("sno")%>用于绑定显示指定数据表中的 sno 字段值；DataKeyField="sno"用于设置 DataList 主键字段的值。

5.5 Repeater 控件

Repeater 控件是 Web 服务器控件中的一个基本容器控件，它不具备内置的呈现功能，这表示用户必须通过创建模板为 Repeater 控件提供布局。当显示比较复杂的数据时可以用 GridView，一般的数据用 DataList，简单的数据呈现就可以使用 Repeater 控件，因为它简单、小巧、灵活。和 DataList 控件类似，它可用来创建基本的数据绑定列表，显示页面中任何数据源的数据，可关联 SqlDataSource 控件或以 DataSet、DataTable 为数据源，也可以以数组作为数据源。

Repeater 控件支持 5 种模板，即 ItemTemplate、AlternatingItemTemplate、SeparatorTemplate、HeaderTemplate、FooterTemplate，分别用于定义控件内的项、交替项、分隔符、表头和表尾的样式。这些模板与 GridView、DataList 等控件的模板使用方式相同。可以使用 Repeater 控件的模板数据绑定列表生成一系列单个项，在模板内声明所有的 HTML 布局、格式设置和样式标记，定义网页上单个项的布局。这样，页面运行时，该控件为数据源中的每个项重复相应布局。该控件不同于其他数据列表控件之处在于，它允许用户在模板中放置 HTML 代码和标记，这样就可以创建复杂的 HTML 结构。

例 5.10 以 SqlDataSource 为数据源，使用 Repeater 控件展示学生基本信息，如图 5.24 所示。

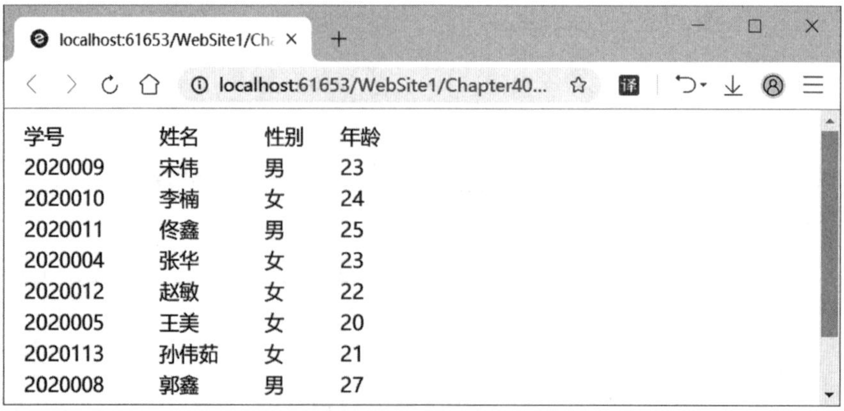

学号	姓名	性别	年龄
2020009	宋伟	男	23
2020010	李楠	女	24
2020011	佟鑫	男	25
2020004	张华	女	23
2020012	赵敏	女	22
2020005	王美	女	20
2020113	孙伟茹	女	21
2020008	郭鑫	男	27

图 5.24 Repeater 控件展示学生基本信息

操作提示：添加 Repeater 控件，编辑模板 HeaderTemplate、ItemTemplate、FooterTemplate，利用 SqlDataSource 控件设置其显示的数据，页面的 HTML 代码如下：

```
<asp:Repeater ID="Repeater1" runat="server" DataSourceID="SqlData Source1">
    <HeaderTemplate>
        <table style="width: 50%;">
            <tr>
                <td>
                     学号
                </td>
                <td>
                     姓名
                </td>
                <td>
                     性别
                </td>
                <td>
                     年龄
                </td>
            </tr>
    </HeaderTemplate>
    <ItemTemplate>
        <tr>
            <td>
                 <%#Eval("sno")%>
            </td>
            <td>
                 <%#Eval("sname")%>
            </td>
            <td>
                 <%#Eval("ssex")%>
            </td>
            <td>
                 <%#Eval("sage")%>
            </td>
        </tr>
    </ItemTemplate>
    <FooterTemplate>
        </table>
    </FooterTemplate>
</asp:Repeater>
<asp:SqlDataSource ID="SqlDataSource1" runat="server" ConnectionString=
"<%$ ConnectionStrings:ConnectionString %>"
    ProviderName="<%$ ConnectionStrings:ConnectionString.Provider Name
```

%>" SelectCommand="SELECT * FROM [studentInfo]">
        </asp:SqlDataSource>

注意：Eval（）方法用于单项绑定，将数据字段的值作为参数并返回字符串显示到页面；Bind（）方法支持读、写，可用于双向绑定，检索数据绑定控件的值并将更改提交回数据库。

例 5.11 利用 SeparatorTemplate 设计 Repeater 控件显示样式，如图 5.25 所示。

图 5.25　显示结果

代码如下：

```
<asp:Repeater ID="Repeater1" runat="server">
    <HeaderTemplate>
        <table style="width: 80%;">
            <tr>
                <td>
                     学号
                </td>
                <td>
                     姓名
                </td>
                <td>
                     性别
                </td>
                <td>
                     年龄
                </td>
            </tr>
    </HeaderTemplate>
    <ItemTemplate>
        <tr style="background-color:Aqua; height:4px;">
            <td>
                 <%#Eval("sno")%>
            </td>
```

```
                <td>
                     <%#Eval("sname")%>
                </td>
                <td>
                     <%#Eval("ssex")%>
                </td>
                <td>
                     <%#Eval("sage")%>
                </td>
            </tr>
        </ItemTemplate>
        <SeparatorTemplate>
            <tr>
                <td colspan="4" style="background-color:Gray; height:4px;">
                </td>
            </tr>
        </SeparatorTemplate>
        <FooterTemplate>
            </table>
        </FooterTemplate>
    </asp:Repeater>
```

后台代码:

```
string conStr = "Provider=SQLOLEDB.1;Integrated Security=SSPI;Persist Security Info=False;Initial Catalog=wlbcjs;Data Source=.";
OleDbConnection con = new OleDbConnection(conStr);
con.Open();
string sql = "select * from studentInfo";
OleDbDataAdapter adapter = new OleDbDataAdapter(sql, con);
DataSet dataSet = new DataSet();
adapter.Fill(dataSet);
Repeater1.DataSource = dataSet;
Repeater1.DataBind();
con.Close();
```

5.6 DetailsView 控件

GridView 和 DataList 控件适合于显示多行数据，而当用户希望一次只看到某一行中所包含数据字段的详细数据，即页面一次只显示一条记录，DetailsView 控件是一个不错的选择。DetailsView 控件可与 GridView 控件结合使用，以便实现详细表信息显示。DetailsView 控件能够自动绑定到任何数据源控件，使用其数据操作集。此外，该控件能够自动分页、更新、插入和删除底层数据源的数据项，支持以编程方式访问 DetailsView 对象模型，动态设置属性、事件等。

DetailsView 有一个 DefaultMode 属性,可以控制默认的显示模式,该属性有三个可选值:
DetailsViewMode.Edit,编辑模式,用户可以更新记录的值;
DetailsViewMode.Insert,插入模式,用户可以向数据源中添加新记录;
DetailsViewMode.ReadOnly,只读模式,这是默认的显示模式。

例 5.12 使用 DetailsView 控件绑定数据源,如图 5.26 所示。

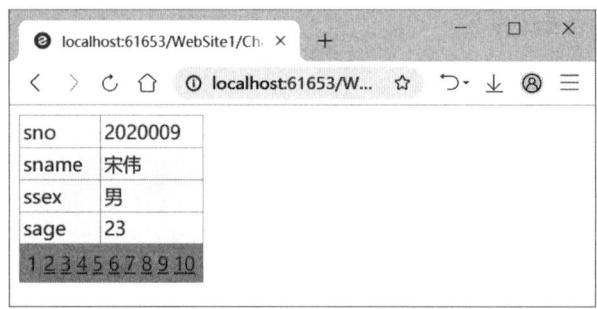

图 5.26 运行结果

将 DetailsView 控件拖拽至页面,点击智能标记,选择"自动套用格式"为 DetailsView 控件设定样式(图 5.27)。

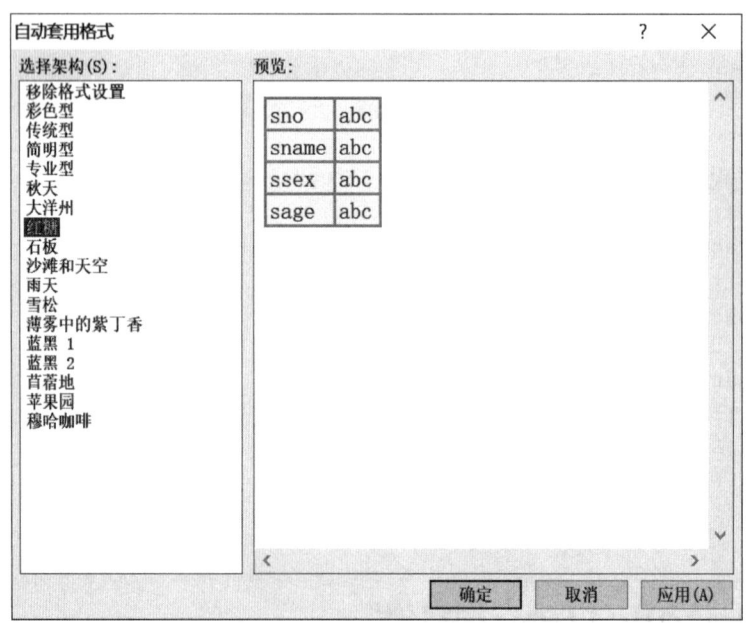

图 5.27 自动套用格式

点击智能标记,利用"选择数据源"配置数据源,设定 AllowPaging 的属性值为 true,具体代码如下:

```
<asp:DetailsView ID="DetailsView1" runat="server" Height="50px" Width="125px"
        AllowPaging="True" AutoGenerateRows="False" BackColor="#DEBA84"
        BorderColor="#DEBA84" BorderStyle="None" BorderWidth="1px"
CellPadding="3"
```

```
                CellSpacing="2" DataSourceID="SqlDataSource1">
                <EditRowStyle BackColor="#738A9C" Font-Bold="True" ForeColor=
"White" />
                <Fields>
                    <asp:BoundField DataField="sno" HeaderText="sno" SortExpression=
"sno" />
                    <asp:BoundField DataField="sname" HeaderText="sname"
Sort-Expression="sname" />
                    <asp:BoundField DataField="ssex" HeaderText="ssex"
Sort-Expression="ssex" />
                    <asp:BoundField DataField="sage" HeaderText="sage"
Sort-Expression="sage" />
                </Fields>
                <FooterStyle BackColor="#F7DFB5" ForeColor="#8C4510" />
                <HeaderStyle BackColor="#A55129" Font-Bold="True" ForeColor= "White" />
                <PagerStyle ForeColor="#8C4510" HorizontalAlign="Center" />
                <RowStyle BackColor="#FFF7E7" ForeColor="#8C4510" />
            </asp:DetailsView>
            <asp:SqlDataSource ID="SqlDataSource1" runat="server"
                ConnectionString="<%$ ConnectionStrings:ConnectionString %>"
                ProviderName="<%$ ConnectionStrings:ConnectionString.Provider Name %>"
                SelectCommand="SELECT * FROM [studentInfo]"></asp:SqlData Source>
```

例 5.13 使用 DetailsView 控件实现数据编辑、删除、新建功能，如图 5.28 所示。

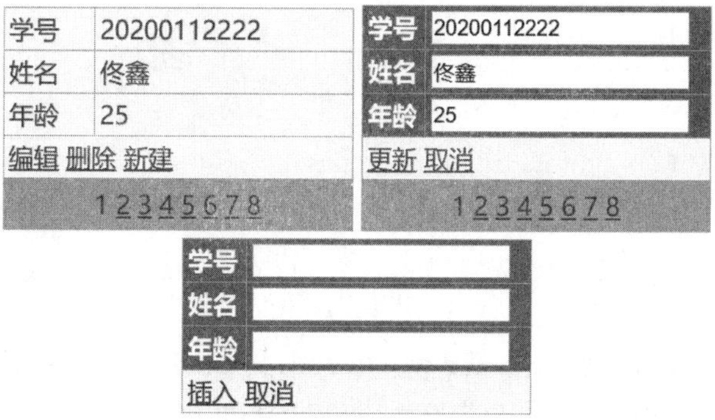

图 5.28 编辑、新建页面

操作提示：与 GridView 不同之处，获取关键字段的方法为

`e.Keys[0].ToString();`

步骤一：添加 BoundField 字段（学号、姓名、年龄），分别设定其 DataFied 属性为相应的字段值，如图 5.29 所示。

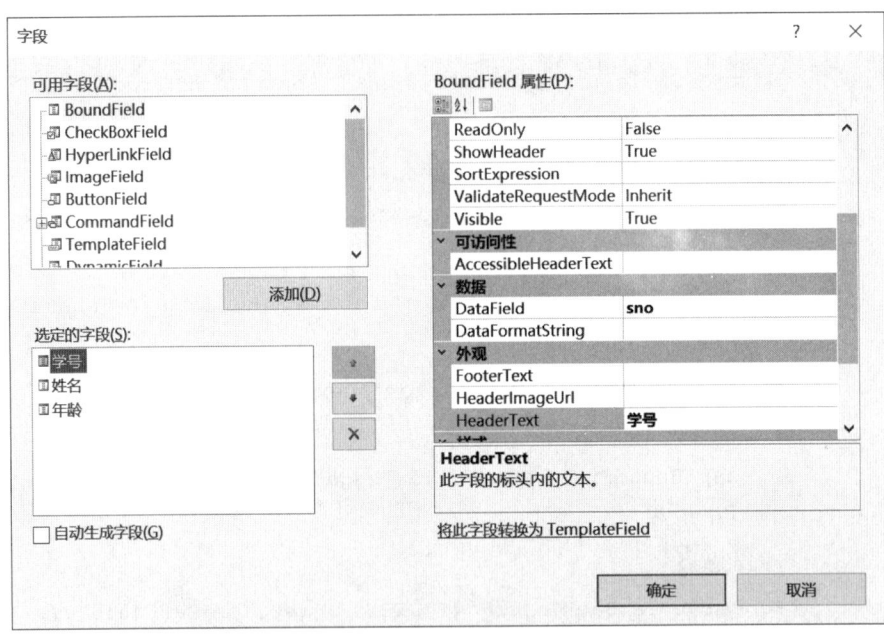

图 5.29 添加 BoundField 字段

步骤二：设定 DetailsView 的属性。

代码如下：

```
DataKeyNames="sno"、AutoGenerateDeleteButton= "True" 、
         AutoGenerateEditButton="True" 、AutoGenerateInsertButton="True" 、
AllowPaging="True"
```

步骤三：数据绑定。

代码如下：

```
protected void Page_Load(object sender, EventArgs e)
    {
        if (!IsPostBack)
        {
            bind();
        }
    }
    public void bind()
    {
        string conStr = "Provider=SQLOLEDB.1;Integrated Security=SSPI; Persist Security Info=False;Initial Catalog=wlbcjs;Data Source=.";
        OleDbConnection con = new OleDbConnection(conStr);
        con.Open();
        string sql = "select * from studentInfo";
        OleDbDataAdapter adapter = new OleDbDataAdapter(sql, con);
        DataSet dataSet = new DataSet();
        adapter.Fill(dataSet);
        DetailsView1.DataSource = dataSet;
```

```
        DetailsView1.DataBind();
        con.Close();
    }
```

步骤四：分页，添加 onpageindexchanging="DetailsView1_PageIndexChanging"事件。

代码如下：

```
    protected void DetailsView1_PageIndexChanging(object sender, DetailsViewPageEventArgs e)
    {
        DetailsView1.PageIndex = e.NewPageIndex;
        bind();
    }
```

步骤五：删除，添加 onitemdeleting="DetailsView1_ItemDeleting"事件。

代码如下：

```
    protected void DetailsView1_ItemDeleting(object sender, DetailsViewDeleteEventArgs e)
    {
        string conStr = "Provider=SQLOLEDB.1;Integrated Security=SSPI; Persist Security Info=False;Initial Catalog=wlbcjs;Data Source=.";
        OleDbConnection con = new OleDbConnection(conStr);
        con.Open();
        string sno = e.Keys[0].ToString();//获取关键字段值
        string sql = "delete from studentInfo where sno='" + sno + "'";
        OleDbCommand cmd = new OleDbCommand(sql, con);
        cmd.ExecuteNonQuery();
        bind();
    }
```

步骤六：添加 onmodechanging="DetailsView1_ModeChanging"事件，设定显示模式。

代码如下：

```
    protected void DetailsView1_ModeChanging(object sender, DetailsViewModeEventArgs e)
    {
        this.DetailsView1.ChangeMode(e.NewMode);
        bind();
    }
```

步骤七：更新，添加 onitemupdating="DetailsView1_ItemUpdating"事件。

代码如下：

```
    protected void DetailsView1_ItemUpdating1(object sender, DetailsViewUpdateEventArgs e)
    {
//获取用户修改后的内容
        string sno = ((TextBox)this.DetailsView1.Rows[0].Cells[1].Controls[0]).Text;
```

```csharp
            string sname = ((TextBox)this.DetailsView1.Rows[1].Cells[1].Controls[0]).Text;
            string sage = ((TextBox)this.DetailsView1.Rows[2].Cells[1].Controls[0]).Text;
    //获取关键字段值
            string oldSno = e.Keys[0].ToString();
    //SQL 语句
            string sql = "update studentInfo set sno='" + sno + "',sname='" + sname + "',sage='" + sage + "' where sno='" + oldSno + "'";
    //操作数据库
            string conStr = "Provider=SQLOLEDB.1;Integrated Security=SSPI;Persist Security Info=False;Initial Catalog=wlbcjs;Data Source=.";
            OleDbConnection con = new OleDbConnection(conStr);
            con.Open();
            OleDbCommand cmd = new OleDbCommand(sql, con);
            cmd.ExecuteNonQuery();
    //恢复显示模式为ReadOnly
            DetailsView1.ChangeMode(DetailsViewMode.ReadOnly);
    //重新绑定数据
            bind();
        }
```

步骤八：插入，添加 oniteminserting="DetailsView1_ItemInserting"事件。

代码如下：

```csharp
        protected void DetailsView1_ItemInserting(object sender, DetailsView InsertEventArgs e)
        {
            string sno=((TextBox)this.DetailsView1.Rows[0].Cells[1].Controls[0]).Text;
            string sname = ((TextBox)this.DetailsView1.Rows[1].Cells[1].Controls[0]).Text;
            string sage = ((TextBox)this.DetailsView1.Rows[2].Cells[1].Controls[0]).Text;
          string sql = "insert into studentInfo(sno,sname,sage)values ('" + sno + "','" + sname + "','" + sage + "')";
            string conStr = "Provider=SQLOLEDB.1;Integrated Security= SSPI;Persist Security Info=False;Initial Catalog=wlbcjs;Data Source=.";
            OleDbConnection con = new OleDbConnection(conStr);
            con.Open();
            OleDbCommand cmd = new OleDbCommand(sql, con);
            cmd.ExecuteNonQuery();
            con.Close();
            DetailsView1.ChangeMode(DetailsViewMode.ReadOnly);
            bind();
        }
```

5.7 本章小结

本章重点介绍了 ASP.NET 中常用的数据绑定控件，分别是 GridView、DataList、Repeater、DetailsView。详细介绍了每个控件的常用属性和模板，包括如何使用模板以及如何根据绑定到控件的数据自定义外观样式等。然后通过实例展示了如何将这些控件绑定到数据源，并实现数据"增删改查"的操作。通过学习本章，读者应能掌握使用数据源和数据绑定控件实现数据"增删改查"的相关操作。

第 5 章源码包

习题

1. 要使 GridView 控件能够排序，要将下面（　　）属性设置为 True。
   A．AutoGenerateColumns   B．AllowPaging
   C．AllowSorting   D．ShowHeader
2. 下面的描述中正确的是（　　）。
   A．只要设置 GridView 控件允许分页，GridView 控件就有分页功能了
   B．使用 GridView 控件运行时，自动生成列与使用属性生成器绑定列两者完全相同
   C．双击 GridView 控件就可以编写其排序事件
   D．利用 GridView 控件的超链接列可以起超链接作用
3. GridView 控件的（　　）属性用来设置是否打开分页功能。
   A．AllowPaging   B．AutoGenerateColumns
   C．CurrentPageIndex   D．AllowCustomPaging
4. GridView 控件的（　　）属性用来设置获取当前页的索引号。
   A．AllowPaging   B．AutoGenerateColumns
   C．CurrentPageIndex   D．AllowCustomPaging
5. 下面（　　）模板用来设置 DataList 控件的数据项显示格式。
   A．HeaderTemplate   B．ItemTemplate
   C．FooterTemplate   D．EditItemTemplate
6. 下面的描述中正确的是（　　）。
   A．用 DataList 控件不能以表格形式显示数据
   B．用 Repeater 控件不能以表格形式显示数据
   C．DataList 控件不能显示多列数据
   D．用 DataList 控件和 Repeater 控件显示数据比用 GridView 控件更灵活
7. Repeater 控件不能使用（　　）模板。
   A．ItemTemplate   B．HeaderTemplate
   C．SelectedItemTemplate   D．AlternatingItemTemplate

8. DataList 控件的（　　）属性控制显示的列数。
   A．RepeatLayout   B．RepeatDirection
   C．RepeatColumns   D．DataSource
9. 将一个 Button 控件加入到 DataList 控件的模板中，其 CommandName 属性设置为 buy，当它被单击时将引发 DataList 控件的（　　）事件。
   A．DeleteCommand   B．ItemCommand
   C．CancelCommand   D．EditCommand
10.（　　）对加入 DataList 控件中的子控件做数据绑定时，必须撰写自定义绑定表达式，而不能做简单绑定。
11.（　　）在 GridView 控件中，若不要显示所有的数据列，必须将其 AutoGenerateColumns 属性设置为 true。
12.（　　）GridView 控件的超级链接列用来导航到新的网页或网站。
13.（　　）GridView 控件不支持模板列。
14.（　　）Repeater 控件中的模板只能使用手工方式编辑，不能使用模板编辑器。
15.（　　）DataList 控件的项模板编辑器中既可以输入文本，也可以放入子控件。

第 6 章
ASP.NET 常用对象

.NET Framework 包含了一个巨大的对象类库,在 Web 开发中完成的许多工作都要用到由这些类定义的对象。这些类的意义重大,因为它表示有大量现成的功能可供使用。只需编写较少的代码,就可以简单快速地完成任务。

6.1 概述

因为 Web 服务是基于 HTTP 协议传递数据的,而 HTTP 协议是一个不记录中间状态的协议,所以在客户端使用浏览器访问了 Web 应用系统后,浏览器不会保留每一次访问系统的中间信息。如果想保留这些信息,就要使用 ASP.NET 提供的内置对象。ASP.NET 提供了许多内置对象,包括 Response、Request、Server、Application、Session 和 Cookie 等,这些对象都封装在.NET Framework 中,无需手工建立,可直接使用。

Response 对象在 ASP.NET 中负责将信息传递给用户。它可以动态响应客户端请求,并将动态生成的响应结果返回到客户端浏览器中,Response 对象可以直接发送信息到浏览器,重定向浏览器到另一个 URL 或设置 Cookie 的值等,它也提供了一系列用于创建输出页面的方法。Request 对象用于获取客户端在请求一个页面或传送一个窗体时提供的所有信息,这包括能够标识浏览器和用户的 HTTP 变量,存储在客户端的 Cookie 信息以及附在 URL 后面的值。

Server 对象提供对服务器上的方法和属性的访问,其中大多数方法和属性是作为实用程序的功能提供服务的。Server 对象也是 Page 对象成员之一,主要提供一些处理页面请求时所需的功能。

在 ASP.NET 环境下,Application 对象来自 HttpApplicationState 类。它可以在多个请求、连接之间共享共用信息,也可以在各个请求连接之间充当信息传递的管道。使用 Application 对象来保存用户希望传递的变量。由于在整个应用程序生存周期中 Application 对象都是有效的,所以在不同的页面中都可以对它进行存取,就像使用全局变量一样方便。

Session 对象就是服务器给客户端的一个编号。当一台 Web 服务器运行时，可能有若干个用户在浏览这台服务器上的网站。当每个用户首次与这台 Web 服务器建立连接时，它就与这个服务器建立了一个会话，同时服务器会自动为其分配一个 SessionID，用以标识这个用户的唯一身份。需要特别说明的是，Session 对象的变量只对一个用户有效，不同用户的会话信息用不同 Session 对象变量存储。在网络环境下 Session 对象的变量是有生命周期的，如果在规定的时间内没有对 Session 对象的变量进行刷新，系统会终止这些变量。

Cookie 是由浏览器存储在客户端系统上的文本，是一种标记。由 Web 服务器嵌入用户浏览器中，以便标识用户，且随同每次用户请求发往 Web 服务器。

6.2 Response 对象

Response 对象是 System.Web 命名空间中 HttpResponse 类的实例，当访问 Page 类的 Response 属性时，它返回该对象，然后就可以使用该对象中的方法。Response 对象可以动态地响应客户端的请求，允许将 HTTP 响应数据作为请求结果发送到客户端浏览器中，并提供有关该响应的信息，提供对当前页的输出流的访问。此外，Response 对象还可以向客户端浏览器发送信息，或者将访问者转移重定向到另一个网址，传递页面的参数，还可以输出和控制 Cookie 信息等。

Response 对象的常用属性和方法，见表 6.1。

表 6.1 Response 对象常用属性和方法

属性/方法	说明
Buffer	获取或设置一个值，该值指示是否缓冲输出，并在完成处理整个响应之后将其发送
ContentType	获取或设置输出流的 HTTP MIME 类型
Cookies	获取响应 Cookie 集合
Clear	清除缓冲区流中的所有内容输出
Flush	向客户端发送当前所有缓冲的输出，该方法将当前所有缓冲的输出强制发送到客户端。在请求处理的过程中可多次调用 Flush
End	将当前所有缓冲的输出发送到客户端，停止该页的执行，并引发 EndRequest 事件
Redirect	将客户端重定向到新的 URL
Write	将信息写入 HTTP 响应输出流，如果打开缓存器，它就写入缓存器并等待稍后发送
WriteFile	将指定的文件直接写入 HTTP 响应输出流

（1）Response 对象的 Redirect 方法可以将客户端重定向到新的 URL。其语法定义如下所示：

```
public void Redirect(string url)
public void Redirect(string url,bool endResponse)
```

其中，url 为要重新定向的目标网址，endResponse 指示当前页的执行是否应终止。例如代码 Response.Redirect（"http：//www.baidu.com"）可以把页面重新定向到百度的主页。

（2）Response 对象的 Write 方法用于将信息写入 HTTP 响应输出流，输出到客户端显示。

其语法定义如下所示：

```
public void Write(char[],int,int);
public void Write(string);
public void Write(object);
public void Write(char);
```

可见，通过 Write 方法可以把字符数组、字符串、对象或者一个字符输出显示。

（3）Response 对象的 WriteFile 方法可以将指定的文件直接写入 HTTP 响应输出流。其语法定义如下所示：

```
public void WriteFile(string filename);
public void WriteFile(string filename,long offset,long size);
public void WriteFile(string filename,bool readIntoMemory);
public void WriteFile(IntPtr fileHandle,long offset,long size);
```

其中，参数 filename 为要写入 HTTP 输出流的文件名；参数 offset 为文件中将开始进行写入的字节位置；参数 size 为要写入输出流的字节数（从开始位置计算）；参数 fileHandle 是要写入 HTTP 输出流的文件的文件句柄；参数 readIntoMemory 指示是否将把文件写入内存块。

例 6.1 输出字符串，点击按钮在页面中输出"你好，欢迎浏览本站！"。

代码如下：

```
protected void Button1_Click(object sender, EventArgs e)
    {
        Response.Write("你好,欢迎浏览本站!");
    }
```

例 6.2 输出文件，在程序的根目录下创建文件夹 Files 用于存放项目里的文件信息，在该文件夹中添加 introduce.txt，用于存放课程简介。当点击按钮在页面中输出该文件的内容。

代码如下：

```
    protected void Button1_Click(object sender, EventArgs e)
    {
        Response.WriteFile(Server.MapPath("Files//introduce.txt"));
    }
```

例 6.3 网页重定向，在下拉列表框中选择要浏览的网页，点击"跳转"按钮，跳转到相应的网页，运行结果如图 6.1 所示。

图 6.1 运行结果

Chapter601.aspx 核心代码如程序清单 6.1 所示。

【程序清单 6.1】文件 Chapter601.aspx 的核心代码

```
请选择您要浏览的网站: <asp:DropDownList ID="DropDownList1" runat="server">
    <asp:ListItem Value="http://www.baidu.com">百度</asp:ListItem>
    <asp:ListItem Value="http://www.google.cn/">谷歌</asp:ListItem>
    <asp:ListItem Value="https://www.cnki.net/">中国知网</asp:ListItem>
</asp:DropDownList>
<asp:Button ID="Button1" runat="server" onclick="Button1_Click" Text="跳转" />
```

Chapter601.aspx.cs 核心代码如程序清单 6.2 所示。

【程序清单 6.2】文件 Chapter601.aspx.cs 的核心代码

```
protected void Button1_Click(object sender, EventArgs e)
{
    Response.Redirect(DropDownList1.SelectedValue.ToString());
}
```

6.3 Request 对象

Request 对象是 HttpRequest 类的一个实例。当客户端从网站请求 Web 页时，Web 服务器就接受一个客户端 HTTP 请求，客户端的请求信息会包含在 Request 对象中，这些请求信息包含请求报头（Header）、客户端的主机信息、客户端浏览器信息、请求方法等。使用 Request 对象可以获取从客户端向服务器端请求的信息，还可以读取客户端浏览器已经发送的内容。

Request 对象的常用属性和方法，见表 6.2。

表 6.2 Request 对象常用属性和方法

属性/方法	说明
ApplicationPath	说明被请求的页面位于 Web 应用程序的哪一个文件夹中
Path	与 ApplicationPath 相同，即返回页面完整的 Web 路径地址，而且还包括页面的文件名称
PhysicalApplicationPath	返回页面的完整路径，但它位于物理磁盘上，而不是一个 Web 地址
Browser	提供对 Browser 对象的访问，Browser 对象在确定访问者的 Web 浏览器软件和其功能时非常有用
Cookies	查看访问者在以前访问本站点时使用的 Cookies
IsSecureConnection	HTTP 连接是否使用加密
RequestType	请求是 Get 还是 Post 请求
QueryString	返回任何使用 Get 传输到页面的参数
Url	返回浏览器提交的完整地址，为了把 Url 对象保留的 Web 地址显示为字符串，可以使用其方法 ToString()
RawUrl	类似 Url，但省略了协议和域名部分

续表

属性/方法	说　　明
UserHostName	返回从 Web 服务器上请求页面的机器名称
UserHostAddress	请求页面机器的 IP 地址
UserLanguages	浏览器配置的语言设置
ServerVariables	获取 Web 服务器端或客户端的环境变量信息的集合
SaveAs	将 HTTP 请求保存到磁盘

例 6.4 利用 Request 对象和 Response 对象获取服务器环境变量以及客户端浏览器信息，运行结果如图 6.2 所示。

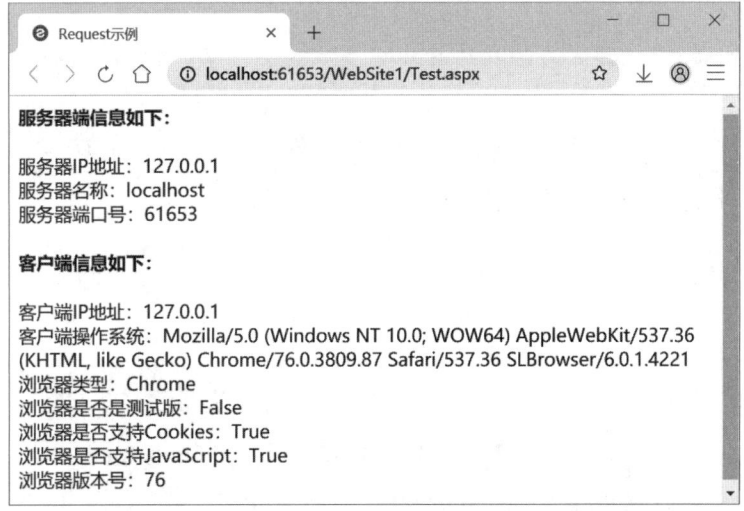

图 6.2　运行结果

Chapter602.aspx.cs 核心代码如程序清单 6.3 所示。

【程序清单 6.3】 文件 Chapter602. aspx.cs 的核心代码

```
protected void Page_Load(object sender, EventArgs e)
    {
        Response.Write("<h4>服务器端信息如下:</h4>");
        Response.Write("服务器 IP 地址:" + Request.ServerVariables["Local_Addr"] +
"</br>");
        Response.Write("服务器名称:" + Request.ServerVariables["Server_Name"] +
"</br>");
        Response.Write("服务器端口号:" + Request.ServerVariables["Server_Port"] +
"</br>");
        Response.Write("<h4>客户端信息如下:</h4>");
        Response.Write("客户端 IP 地址:" + Request.ServerVariables["Remote_Addr"] +
"</br>");
        Response.Write(" 客户端操作系统:" + Request.ServerVariables["HTTP_USER_
```

```
AGENT"] + "</br>");
        Response.Write("浏览器类型:" + Request.Browser.Browser + "</br>");
        Response.Write("浏览器是否是测试版:" + Request.Browser.Beta + "</br>");
        Response.Write("浏览器是否支持 Cookies:" + Request.Browser.Cookies + "</br>");
        Response.Write("浏览器是否支持 JavaScript:" + Request.Browser.JavaScript + "</br>");
        Response.Write("浏览器版本号:" + Request.Browser.MajorVersion + "</br>");
    }
```

例 6.5 Request 对象的 QueryString 使用示例,运行结果如图 6.3 和图 6.4 所示。在"课程列表"页选择要查看的课程,点击"查看"按钮,跳转到"课程详细信息"页即可看所选择的课程的详细信息。"课程列表"页为"Chapter603.aspx","课程详细信息"页为"Chapter604.aspx"。

图 6.3 课程列表页

图 6.4 课程详细信息页

Chapter603.aspx 核心代码如程序清单 6.4 所示。

【程序清单 6.4】文件 Chapter603.aspx 的核心代码

```
<div>
    请选择您要查看的课程:<asp:DropDownList ID="DropDownList1" runat="server">
        <asp:ListItem>网络编程技术</asp:ListItem>
        <asp:ListItem>Java 程序设计</asp:ListItem>
        <asp:ListItem>可视化程序设计</asp:ListItem>
    </asp:DropDownList>
    <asp:Button ID="Button1" runat="server" Text="查看" onclick="Button1_Click" />
</div>
```

Chapter603.aspx.cs 核心代码如程序清单 6.5 所示。

【程序清单 6.5】文件 Chapter603.aspx.cs 的核心代码

```
protected void Button1_Click(object sender, EventArgs e)
    {
        Response.Redirect("CourseDetail.aspx?courseName="+DropDownList1.SelectedItem.Text.ToString());
    }
```

Chapter604.aspx.cs 核心代码如程序清单 6.6 所示。

【程序清单 6.6】文件 Chapter604.aspx.cs 的核心代码

```
protected void Page_Load(object sender, EventArgs e)
    {
        Response.Write(" 您要查看的课程为 :" + Request.QueryString["courseName"]);
    }
```

注意：在跳转页面传递参数时，也可以传递多个参数，参数间用"&"分割。例如：Response.Redirect（"CourseDetail.aspx?courseName="+firstParm+"&couseId="+secondParm）。

6.4 Server 对象

Server 对象又称为服务器对象，是 System.Web.HttpServerUtility 类的一个实例，提供对 HttpServerUtility 类的属性和方法的编程访问。Server 对象提供了一系列可处理 Web 请求的方法，用于对服务器上的资源进行访问。通过 Server 对象，Web 服务使用者可以获取 Web 服务所在服务器的名称和物理路径等，还可以对 HTML 文本进行编码和解码。

Server 对象的常用属性和方法，见表 6.3。

表 6.3 Server 对象常用属性和方法

属性/方法	说 明
MachineName	获取服务器的计算机名称
ScriptTimeout	获取和设置请求超时（以秒计）
Execute	停止执行当前网页，转到当前请求的新网页执行，执行完毕后返回到原网页，继续执行后续语句
Transfer	停止执行当前网页，转到新的网页执行，执行完毕后不再返回原网页
MapPath	返回与 Web 服务器上的指定虚拟路径相对应的物理文件的路径
HtmlEncode	对要在浏览器中显示的包含 HTML 元素标记的字符串进行编码，将其转换为字符实体
HtmlDecode	对已被编码用于消除无效 HTML 字符的字符串进行编码，其操作与 HtmlEncode 正好相反
UrlEncode	将字符串中的某些特殊字符转换为 URL 编码，以便能通过 URL 从 Web 服务器到客户端进行可靠的 http 传输
UrlDecode	将已被 URL 编码的字符串进行解码，其操作与 UrlEncode 正好相反
ClearError	清除前一个异常

例 6.6 Server 对象的 MachineName、ScriptTimeout 属性和 MapPath 使用示例，获取服务器名称、请求超时时间和当前应用程序的完整物理文件路径，运行结果如图 6.5 所示。

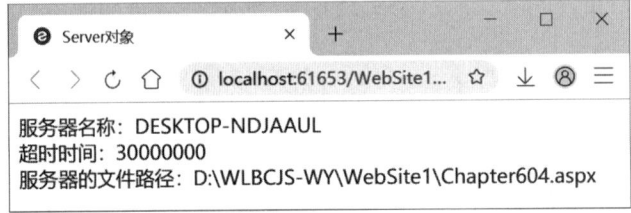

图 6.5　运行结果

代码如下：

```
protected void Page_Load(object sender, EventArgs e)
    {
        Response.Write("服务器名称:" + Server.MachineName + "</br>");
        Response.Write("超时时间:" + Server.ScriptTimeout + "</br>");
        Response.Write("服务器的文件路径:" + Server.MapPath("Chapter604.aspx")+ "</br>");
    }
```

也可以利用 ScriptTimeout 属性设置超时时间，如 Server.ScriptTimeout = 100，将客户端请求超时期限设置为 100 秒，如果 100 秒内没有任何操作，服务器将断开与客户端的连接。

MapPath 的参数为 Web 服务器上的虚拟路径。Server.MapPath（"~/"）或 Server.MapPath（""）可获取应用程序的物理路径。

例 6.7 Server 对象的 Execute 和 Transfer 方法使用示例，创建两个 Web 窗体分别是 Chapter603.aspx 和 Chapter604.aspx，在 Chapter604.aspx.cs 中编写如下代码，分别执行 Transfer 和 Execute 方法并运行观察结果，看"欢迎访问 Chapter604.aspx 页"是否在页面中输出。

代码如下：

```
protected void Page_Load(object sender, EventArgs e)
    {
Server.Transfer("Chapter603.aspx");
//Server.Execute("Chapter603.aspx");
Response.Write("欢迎访问Chapter604.aspx页");
    }
```

例 6.8 利用 Server 对象进行 HTML 编码和解码，运行结果如图 6.6 所示。

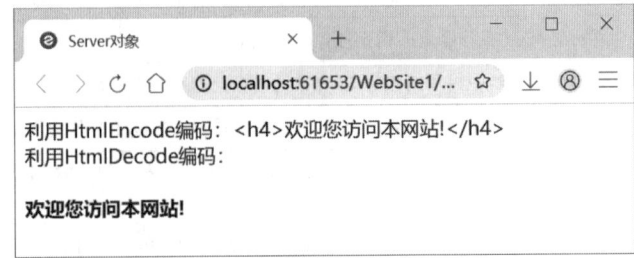

图 6.6　运行结果

代码如下：

```
protected void Page_Load(object sender, EventArgs e)
    {
        //1.对文本进行编码,文本中包含html标记
string str = Server.HtmlEncode("<h4>欢迎您访问本网站!</h4>");
//2.输出编码后的文本,文本中包含的html标记编码后不再识别为html标记
        Response.Write("利用HtmlEncode编码:" + str + "</br>");
//3.对编码后的字符串进行解码
        Response.Write("利用HtmlDecode编码:" + Server.HtmlDecode(str));
}
```

例 6.9 利用 Server 对象进行 URL 编码和解码，运行结果如图 6.7 所示。

图 6.7 运行结果

代码如下：

```
protected void Page_Load(object sender, EventArgs e)
    {
string str = Server.UrlEncode("https://www.baidu.com/");
        Response.Write("利用UrlEncode编码:" + str + "</br>");
        Response.Write("利用UrlDecode编码:" + Server.UrlDecode(str));
}
```

6.5 Session 对象

Session 对象实际上操作 System.Web 命名空间中的 HttpSessionState 类。Session 对象可以为每个用户的会话存储信息。Session 对象中的信息只能被用户自己使用，而不能被网站的其他用户访问，因此可以在不同的页面间共享数据，但是不能在用户间共享数据。当每个用户首次与服务器建立连接时，服务器就会为其建立一个 Session（会话），同时服务器会自动为用户分配一个 SessionID，用以标识这个用户的唯一身份。Session 信息存储在 Web 服务器端，是一个对象集合，可以存储对象、文本等信息。

Session 对象的常用属性、方法和事件，见表 6.4。

表 6.4 Session 对象常用属性、方法和事件

属性/方法/事件	说　　明
Count	获取会话状态集合中 Session 对象的个数
TimeOut	设置 Session 对象的有效时间，默认值为 20 分钟

续表

属性/方法/事件	说　　明
SessionID	获取用于标识会话的唯一会话 ID
Item	获取或设置个别会话值
Contents	获取对当前会话状态对象的引用
IsNewSession	判断是否是一个新的会话
IsCookieless	判断会话是嵌入在 URL 中还是存储在 HTTP Cookie 的会话 ID
Add	新增一个 Session 对象
Clear	清除会话状态中的所有值
Remove	删除会话状态集合中的某一项
RemoveAll	清除所有会话状态值
Abandon	取消当前会话
Session_Start	该事件在用户请求网页、服务器创建新会话时发生
Session_End	该事件在会话终止、被放弃或超时时发生

对 IsCookieless 属性的说明：SessionID 唯一标识与浏览器的每一个会话。默认情况下，SessionID 会存储在浏览器中永不过期的会话 Cookie 中，即 IsCookieless 属性值为 false。但是，也可以通过将 IsCookieless 属性值设为 true 来表明将会话嵌入到 URL 中，而不存储在 Cookie 中。

对 Session 对象的两个事件的说明：Session_Start 和 Session_End 事件可在 Global.asax 文件中为其增加处理代码。

例 6.10 利用 Session 对象存储用户名，以便在程序中进行获取到当前用户信息。新建两个 Web 窗体，分别是 Chapter605.aspx 和 Detail.aspx。在 Chapter605.aspx 中实现用户登录功能，当用户输入正确的用户名和密码后，将其保存在 Session 对象中，当跳转到 Detail.aspx 页面时可获得 Session 中保存的信息，运行结果如图 6.8、图 6.9 所示。

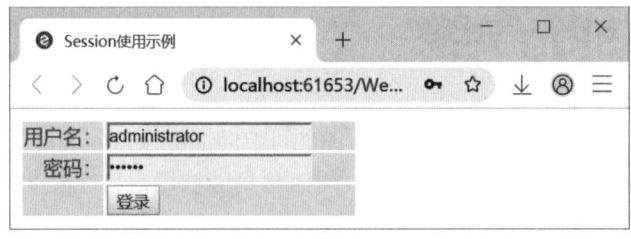

图 6.8　运行结果（一）

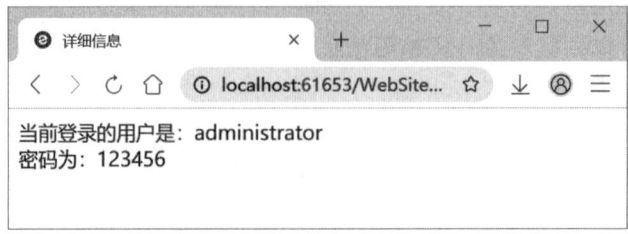

图 6.9　运行结果（二）

第 6 章 ASP.NET 常用对象

Chapter605.aspx.cs 核心代码如程序清单 6.7 所示。

【程序清单 6.7】文件 Chapter605. aspx.cs 的核心代码

```
protected void btnLogin_Click(object sender, EventArgs e)
{
    Session["userName"] = txtUserName.Text.ToString();
    Session["userPwd"] = txtPwd.Text.ToString();
    Response.Redirect("Detail.aspx");
}
```

Detail.aspx.cs 核心代码如程序清单 6.8 所示。

【程序清单 6.8】文件 Detail. aspx.cs 的核心代码

```
protected void Page_Load(object sender, EventArgs e)
{
    Response.Write("当前登录的用户是:" + Session["userName"] + "</br>密码为:" + Session["userPwd"]);
}
```

例 6.11 在 Web.Config 文件中设置 Session 对象的有效时间为 30 分钟。
代码如下：

```
<sessionState mode="InProc" timeout="30"></sessionState>
```

注意：有效时间的设置不能超过一年。

6.6 Cookie 对象

Cookie 对象是 System.Web 命名空间中 HttpCookie 类的对象。Cookie 对象为 Web 应用程序保存用户相关信息提供了一种有效的方法。Cookie 对象与 Session 和 Application 类似，都是用来存储相关信息的，但 Cookie 对象和其他对象的最大区别是将信息保存在客户端，而 Session 和 Application 对象是将信息保存在服务器端。也就是说，无论何时用户连接到服务器，Web 站点都可以访问 Cookie 信息，这样既方便用户的使用，也方便网站对用户的管理。

Cookie 对象其实是一小段文本信息，伴随着用户请求和页面在 Web 服务器和浏览器之间传递。当用户第一次访问某个站点时，Web 应用程序发送给该用户一个页面和一个包含日期和时间的 Cookie。用户的浏览器在获得页面的同时还得到了这个 Cookie，并且将它保存在用户硬盘上的某个文件夹中。如果该用户再次访问这个站点上的页面，浏览器就会在本地硬盘上查找与该网站相关联的 Cookie。如果 Cookie 存在，浏览器就将它与页面请求一起发送到网站，Web 应用程序就能确定该用户上一次访问站点的日期和时间。

除了 Cookie 外，几乎没有其他的方法可以在客户端的机器上写入数据，就连 Cookie 的写入操作也是通过浏览器进行的。Cookie 是与 Web 站点而不是与具体页面关联的，所以无论用户请求浏览站点中的哪个页面，浏览器和服务器都将交换网站的 Cookie 信息。用户访问其他站点时，每个站点都可能会向用户浏览器发送一个 Cookie，而浏览器会将所有这些 Cookie

分别保存。大多数浏览器规定 Cookie 大小不超过 4KB，还有的浏览器限制了每个站点能保存的 Cookie 数不超过 20 个，所有站点保存的 Cookie 总和不超过 300 个。用户可以将自己的浏览器设置为拒绝接受 Cookie。当用户的浏览器因关闭对 Cookie 的支持，而不能有效地识别用户时，只需在 web.config 文件中加入以下语句就能识别用户：

```
<sessionState cookieless="AutoDetect"></sessionState>
<sessionState cookieless="UseUri"></sessionState>
```

一般每个 Cookie 都有有效期限，可通过其 Expires 属性进行设置。当用户访问网站时，浏览器会自动删除过期的 Cookie。没有设置有效期的 Cookie 将不会以文件的方式保存到硬盘中，只能作为用户会话信息的一部分。

Cookie 对象的常用属性和方法，见表 6.5。

表 6.5 Cookie 对象常用属性和方法

属性/方法	说 明
Domain	获取或设置将此 Cookie 与其关联的域
Expires	获取或设置此 Cookie 的过期日期和时间
Name	获取或设置 Cookie 的名称
Path	获取或设置要与当前 Cookie 一起传输的虚拟路径
Secure	指定是否通过 SSL 传输 Cookie
Value	获取或设置单个 Cookie 值
Values	获取在单个 Cookie 对象中包含的键值对集合
Port	获取或设置此 Cookie 适用的 TCP 端口的列表
HttpOnly	确定脚本或其他活动内容是否可访问此 Cookie
Add	添加一个 Cookie 变量
Clear	清楚 Cookie 变量

例 6.12 设定 Cookie 对象的 Expires 属性值为当前时间之后的 60 秒，必须设置 Expires 属性，否则 Cookie 变量不能被存储。

代码如下：

```
protected void Page_Load(object sender, EventArgs e)
    {
        //声明一个 Cookie 变量 userName
        HttpCookie cookie = new HttpCookie("userName");
        //给 cookie 赋值
        cookie.Value = "admin";
        //获得当前时间
        DateTime time = DateTime.Now;
        //设定时间间隔
        TimeSpan tSpan = new TimeSpan(0, 0, 0, 60);
        //设定 Expires 属性
        cookie.Expires = time.Add(tSpan);
    }
```

例 6.13　利用 Cookie 对象实现"记住我"功能，在首次登录后，若勾选"记住我，下次自动登录"则将登录信息写入 Cookie 中，当再次登录时将用户计算机中的 Cookie 信息读出并直接登录到网站，而不需要再次输入用户信息。运行结果如图 6.10、图 6.11、图 6.12 所示。

图 6.10　首次登录运行结果

图 6.11　首次点击"登录"按钮运行结果

图 6.12　再次登录运行结果

Chapter607.aspx.cs 核心代码如程序清单 6.9 所示。

【程序清单 6.9】文件 Chapter607. aspx.cs 的核心代码

```
protected void Page_Load(object sender, EventArgs e)
    {
        if (Request.Cookies["userName"] != null && Request.Cookies ["userPwd"] != null)
        {
            txtUserName.Text = Request.Cookies["userName"].Value.ToString();
            txtPwd.Text = Request.Cookies["userPwd"].Value.ToString();
```

```
            }
        }
        protected void btnLogin_Click(object sender, EventArgs e)
        {
            if(true)//用户名和密码均正确
            {
                if (Request.Cookies["userName"] == null && Request.Cookies ["userPwd"] == null)
                {
                    if(CheckBox1.Checked)
                    {
                        Response.Cookies["userName"].Expires = new DateTime(2021, 6, 3);
                        Response.Cookies["userPwd"].Expires = new DateTime(2021, 6, 3);
                        Response.Cookies["userName"].Value = txtUserName.Text;
                        Response.Cookies["userPwd"].Value = txtPwd.Text;
                    }
                }
    Response.Redirect("Detail.aspx?Name=" + txtUserName.Text + "&Pwd=" + txtPwd.Text);
            }
        }
```

Detail.aspx.cs 核心代码如程序清单 6.10 所示。

【程序清单 6.10】文件 Detail.aspx.cs 的核心代码

```
        protected void Page_Load(object sender, EventArgs e)
        {
            if (Request.QueryString["Name"]!=null&&Request.QueryString["Pwd"]!=null)
            {
                Response.Write("欢迎"+Request.QueryString["Name"]+"您登录本站!");
            }
        }
```

6.7 Application 对象

Application 对象是 System.Web 命名空间中的 HttpApplicationState 类的实例。Application 对象为经常使用的信息（不常使用的信息可存储在磁盘文件或数据库中）提供了一个有用的 Web 站点存储位置，该对象内的信息可以在 Web 服务整个运行期间保存，Application 主要用于共享应用程序级信息，即多个用户共享一个 Application 对象。在第一个用户请求

ASP.NET 文件时将启动应用程序并创建 Application 对象，之后就可以共享和管理整个应用程序中的信息。

Application 对象与 Session 对象的区别是：Application 对象与 Session 对象都存放在服务器端（Cookie 对象存放在客户端）。Application 对象存储的内容是公用的，而 Session 对象存储的内容只有当前登录的用户自己能用（同一用户两次访问 Web 应用程序，视为两个用户）。Application 对象的生存周期终止于停止 IIS 服务时，而 Session 对象的生存周期终止于联机客户端离线时，也就是当用户关掉网页或超过 Session 设定的有效时间时，Session 对象就会消失（Session 对象的 TimeOut 默认有效期为 20 分钟）。

Application 对象的常用属性、方法和事件，见表 6.6。

表 6.6 Application 对象常用属性、方法和事件

属性/方法/事件	说明
AllKeys	获得全部 Application 对象变量名，返回到一个字符串数组中
Count	获取 Application 对象变量的数量
Item	可使用索引或 Application 变量名传回内容值
Add	新增一个 Application 对象变量
Clear	清除全部的 Application 对象变量
Get	通过变量名或索引获取 Application 对象变量的内容
GetKey	通过索引获取 Application 对象变量的名称
Lock	锁定全部的 Application 对象变量
Remove	通过变量名删除一个 Application 对象变量
RemoveAll	删除全部的 Application 对象变量
Set	通过变量名更新一个 Application 对象变量的内容
UnLock	解除锁定的 Application 对象变量
Application_Start	在首次创建新的会话之前发生，该事件发生在 Session_Start 事件之前
Application_End	在应用程序退出时，服务中止或者该 Application 对象卸载时发生，该事件发生在 Session_End 事件之后

注意：Application_Start 事件在 ASP.NET 应用程序执行时被触发，Application_End 事件在 ASP.NET 应用程序结束执行时被触发，一般在 Global.asax 文件对这两个事件进行处理。

例 6.14 创建 Application 变量，并获取其内容以及 Application 变量数目，运行结果如图 6.13 所示。

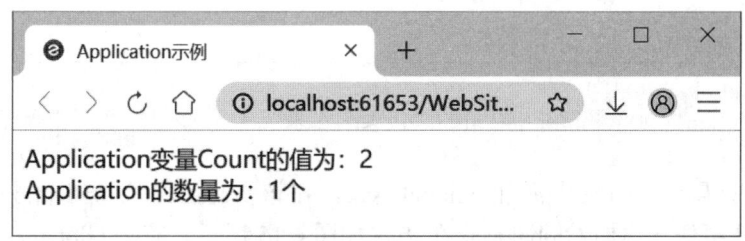

图 6.13 运行结果

"Chapter608.aspx.cs"核心代码如程序清单 6.11 所示。

【程序清单 6.11】文件 Chapter608.aspx.cs 的核心代码

```
protected void Page_Load(object sender, EventArgs e)
    {
        //Application["变量名"] = 变量值;
        Application["Count"] = 1;
        //锁定当前对象
        Application.Lock();
        //修改变量的值
        Application["Count"] = Convert.ToInt32(Application["Count"])+ 1;
        //解锁当前对象
        Application.UnLock();
        //输出变量的值
        Response.Write("Application 变量 Count 的值为:"+Application["Count"]+"</br>");
        //输出变量的个数
        Response.Write("Application 的数量为:" + Application.Count.ToString()+ "个</br>");
    }
```

注意：由于 Application 对象为多个用户所共享，所以当不同的用户同时对 Application 变量进行修改时，为避免访问同步造成的问题，可先对该 Application 变量进行锁定，锁定后其他用户不能修改此变量，修改后再进行解锁，此时，其他用户访问该变量时获得的是修改后的值。

例 6.15 网站的访问计数，利用 Application 实现网站访问量统计功能，运行结果如图 6.14 所示。

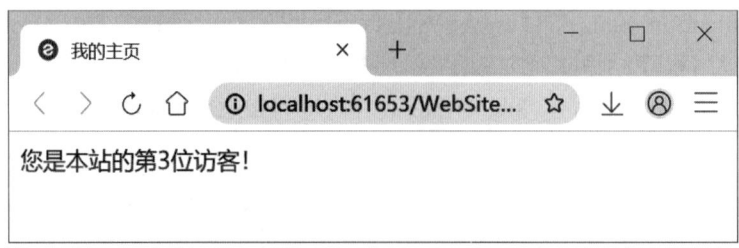

图 6.14 运行结果

提示：首先需要在网站中添加 Global.asax，在该页中添加 Application_Start 事件和 Application_End 事件，添加 Global.asax 的方法如图 6.15 所示，有关 Global.asax 文件的内容会在后续章节中讲解。

图 6.15 添加 Global.asax 文件

点击"添加"按钮后，Global.asax 文件中自动生成的代码如下：

```
<%@ Application Language="C#" %>
<script runat="server">
    void Application_Start(object sender, EventArgs e)
    {
        //在应用程序启动时运行的代码

    }

    void Application_End(object sender, EventArgs e)
    {
        //在应用程序关闭时运行的代码

    }

    void Application_Error(object sender, EventArgs e)
    {
        //在出现未处理的错误时运行的代码

    }

    void Session_Start(object sender, EventArgs e)
    {
```

```
            //在新会话启动时运行的代码
        }

        void Session_End(object sender, EventArgs e)
        {
            //在会话结束时运行的代码。
            // 注意: 只有在 Web.config 文件中的 sessionstate 模式设置为
            // InProc 时,才会引发 Session_End 事件。如果会话模式
            //设置为 StateServer 或 SQLServer,则不会引发该事件。

        }
</script>
```

在 Application_Start 事件（在应用程序启动时运行的代码）中创建用来计数的 Application 变量，赋初值为 0。

在 Session_Start 事件（在新会话启动时运行的代码）中实现访问数+1 功能，该事件发生在 Application_Start 事件之后。

最后，在网页中获得 Application 计数变量的值，并显示即可，详细代码如下。

Global.asax 文件中的代码：

```
    void Application_Start(object sender, EventArgs e)
    {
        //在应用程序启动时运行的代码
        Application["WebCount"] = 0;
    }
    void Session_Start(object sender, EventArgs e)
    {
        //在新会话启动时运行的代码
        Application.Lock();
        Application["WebCount"] = Convert.ToInt32(Application["WebCount"])+ 1;
        Application.UnLock();
    }
```

Chapter609.aspx.cs 文件中的代码：

创建 Web 窗体 Chapter609.aspx，在页面中显示网站访问数量。

```
        protected void Page_Load(object sender, EventArgs e)
        {
            Response.Write(" 您 是 本 站 的 第 "+Convert.ToInt32(Application["WebCount"])+"位访客!");
        }
```

思考 若要实现的功能为统计当前在线人数,该如何实现?在现有的代码中需要增加哪个事件?

6.8 本章小结

本章重点介绍了 ASP.NET 中的几个重要的内置对象,分别是 Response 对象、Request 对象、Server 对象、Session 对象、Cookie 对象和 Application 对象,这些对象使开发者更容易收集通过浏览器请求发送的信息、响应浏览器以及存储用户信息等。每个对象都有相应的实例进行详细说明,方便读者对各对象的属性、方法和事件的理解和掌握。

第 6 章源码包

习题

1. 下列( )对象不能在页面间传送数据。
   A. Application B. Session C. ViewState D. 查询字符串
2. 下列( )对象不是使用 Key/Value 方式保存数据的。
   A. Application B. Session C. ViewState D. 查询字符串
3. 下列( )对象的数据不是保存在服务器中。
   A. Application B. Session C. ViewState D. Cache
4. 商务网站中客户购物信息的最佳保存场所是( )。
   A. Application B. Session C. ViewState D. 查询字符串
5. ( )调用 Response.Redirect 方法从 A 页面跳转到 B 页面后,A 页面已被丢弃。
6. ( )调用 Server.Transfer 方法从 A 页面跳转到 B 页面后,可以在 B 页面中根据上下文句柄取得 A 页面的引用。
7. ( )ASP.NET 为每个客户端保存一份 Application,因此每个客户端看到的 Appliction 是不相同的。
8. ( ).Application.Lock 方法的作用是锁定 Application,防止多个客户端争抢访问,促进访问的同步。
9. ( ) Session 与 Application 一样都为所有客户端共享。
10. 利用 Request 对象的( )方法可以得目前所浏览网页在服务器端的相对地址。
    A. PhysicalPath B. FilePath
    C. PhysicalApplicationPath D. RawUrl
11. 在 Server 对象方法中,下面( )方法可以取得目前网页的实际路径。
    A. UrlEncode B. Transfer
    C. HtmlDecode D. MapPath
12. 下面( )选项可以获得客户端的 IP 地址。
    A. Request.UserHostName B. Request.UserHostAddress

C．Request.URL   D．Request.FilePath

13．简述 Session 对象唯一性的含义。

14．简述 Cookie 对象的作用。

15．Session 对象通过哪个属性设置超时时间？

16．简述 Application 对象与 Session 对象的区别。

17．简述如何使用 Response 和 Request 对象在两个页面之间传递参数。

18．如何使用 Request 对象获取浏览器和服务器的相关信息。

19．简述 Server 对象的 HtmlEncode 和 HtmlDecode 属性的区别。

20．制作一个网站，显示当前在线的人数、总访问数及访问者的 IP。

21．制作一个网站，利用 Application 对象存储该网站的联系人电话，并在网页中显示该号码。

第 7 章 配置 ASP.NET 应用程序

ASP.NET 程序的配置主要包括设置应用程序的目录结构和设置相应的配置文件，其中设置配置文件主要针对 global.asax 和 web.config 配置文件。本章主要介绍如何设置配置文件。

7.1 使用 web.config 进行配置

在每一个 ASP.NET 应用程序的目录中都包含了一个 web.config 文件，该文件就是 ASP.NET 的配置文件，格式为 XML 格式的纯文本文件。配置内容被包含在 web.config 文件中的标记<configuration>和</configuration>之间，在 web.config 文件中的注释语句包含在符号<!-- 和 -->中。web.config 文件的配置分为配置节处理程序声明部分、<appSettings>和配置节设置等部分。

- <appSettings>

<appSettings>和</appSettings>用于定义自己需要的应用程序设置项，其语法定义如下所示：

```
<appSettings>
<add key="名字" value="值"/>
</appSettings>
```

其中，标签<add>包含两个属性：key，指定该设置项的名字，便于在程序中引用；value，指定该设置项的值。

例 7.1 在 web.config 文件中设置应用程序的名字。

web.config 文件配置 appSettings 代码：

```
<configuration>
  <appSettings>
<add key="webName" value="在线学习平台"/>
</appSettings>
```

```
</configuration>
```

后台代码。首先引入命名空间：

```
using System.Configuration;
```

引用方法：

```
ConfigurationManager.AppSettings["webName"].ToString()
```

- <system.web>

配置节设置区域一般位于 configSections 标记后，它包含实际的配置设置，其根节点为<system.web>和</system.web>标记。在配置节设置部分里可以完成大多数网站参数的设置。在配置节中可以包括很多的配置段，常用的几个配置段的含义如下：

（1）<sessionState>和</sessionState>，负责配置 http 模块的会话状态；

（2）<globalization/>，配置应用的功用设置；

（3）<compilation>和</compilation>，配置 ASP.NET 的编译环境；

（4）<trace/>，配置 ASP.NET 的错误跟踪服务；

（5）<securityPolicy>和</securityPolicy>，ASP.NET 的安全配置；

（6）<browserCaps>和</browserCaps>，配置浏览器的兼容部件；

（7）<authentication>和</authentication>，进行安全配置工作，例如身份验证模式的配置；

（8）<customErrors></customErrors>，用于自定义错误信息；

（9）<authorization></authorization>，设置应用程序的授权策略。

下面将主要介绍如何配置身份验证和授权以及如何在程序中获取 web.config 文件中的内容，其他配置段的内容本书就不再详细介绍。

- <configSections>

配置节处理程序声明一般位于配置文件顶部的<configSections></configSections>标记之间。每个声明都包含在一个<section/>标记中，它们被用来指定提供特定配置数据集的节的名称和处理该节中配置数据的.NET 框架类的名称。在默认的 web.config 文件中没有<configSections></configSections>标记，用户如果需要可以自己添加。配置节处理程序声明部分的语法定义如下所示：

```
<configSections>
<section/>
<sectionGroup/>
<remove/>
<clear/>
</configSections>
```

其中，各子元素的作用如下：

（1）section，定义配置节处理程序与配置元素之间的联系；

（2）sectionGroup，定义配置节处理程序与配置节之间的关联；

（3）remove，移除对继承的节或节组的引用；

（4）clear，移除对继承的节和节组的所有引用，只允许由当前 section 和 sectionGroup 元素添加的节和节组。

7.1.1 身份验证和授权

配置节设置部分的<authorization>和</authorization>可以设置应用程序的身份验证策略。可以选择的模式（mode）有如下几种：

（1）Windows，IIS 根据应用程序的设置执行身份验证。

（2）Forms，在程序中为用户提供一个用于身份验证的自定义页面，然后在应用程序中验证用户的身份，用户身份验证信息存储在 Cookie 中。

（3）Passport，身份验证是通过 Microsoft 的集中身份验证服务执行的，它为成员站点提供单独登录和核心配置文件服务。

（4）None，不执行身份验证。

当用户指定了身份验证模式为 Forms 时，需要添加元素<forms>，使用该元素可以对 cookie 验证进行设置。<forms>标签支持以下几个属性：

（1）Name，它用来指定完成身份验证的 HTTP cookie 的名称，其默认值为 ASPXAUTH。

（2）LoginUrl，它定义如果不通过有效验证时重定向到的 URL 地址。

（3）Protection，指定 cookie 数据的保护方式。可设置为 All、None、Encryption 和 Validation。其中 All 表示通过加密 cookie 数据和对 cookie 数据进行有效性验证两种方式来对 cookie 进行保护；None 表示不保护 cookie；Encryption 表示对 cookie 内容进行加密；Validation 表示对 cookie 内容进行有效性验证。

（4）TimeOut，指定 cookie 失效的时间。超时后将需要重新进行登录验证获得新的 cookie。

例 7.2 在 web.config 文件中进行身份验证的配置。

代码如下：

```
<system.web>
    <authentication mode="Forms">
      <forms name=".ASPXAUTH" loginUrl="error.aspx" protection="All" timeout="30"></forms>
    </authentication>
</system.web>
```

其中，error.aspx 为自定义的错误提示页面。

7.1.2 在代码中获取 web.config 应用程序设置

在配置了 web.config 文件后，可以在程序中读取这些设置信息。下面通过一个实例演示如何从 web.config 文件中读取应用程序设置。在第 4 章和第 5 章中创建 Connection 对象时需要使用数据库连接串，现要求将该连接串存储在 web.config 中的 connectionStrings 中，并在需要时获取该连接串。

web.config 文件中的内容：

```
<configuration>
  <appSettings>
    <add key="webName" value="在线学习平台"/>
  </appSettings>
  <connectionStrings>
    <add name="ConnectionString" connectionString="Provider=SQLOLEDB.1;
```

```
Integrated Security=SSPI;
    Persist Security Info=False;Initial Catalog=wlbcjs;Data Source=." />
      </connectionStrings>
      <system.web>
        <authentication mode="Forms">
          <forms name=".ASPXAUTH" loginUrl="error.aspx" protection="All" timeout="30"></forms>
        </authentication>
      </system.web>
    </configuration>
```

后台代码：

引入命名空间 using System.Configuration：

```
protected void Page_Load(object sender, EventArgs e)
    {
        string conStr = ConfigurationManager.ConnectionStrings["ConnectionString"].ToString();
        OleDbConnection con = new OleDbConnection();
        con.ConnectionString = conStr;
        con.Open();
        string sql = "select * from studentInfo";
        OleDbCommand cmd = new OleDbCommand(sql, con);
        OleDbDataReader dr = cmd.ExecuteReader();
        while (dr.Read())
        {
            Response.Write("学号:" + dr["sno"] + ",姓名:" + dr["sname"] + ",性别:" + dr["ssex"] + ",年龄:" + dr["sage"] + "<br>");
        }
        dr.Close();
        con.Close();
    }
```

运行结果如图 7.1 所示。

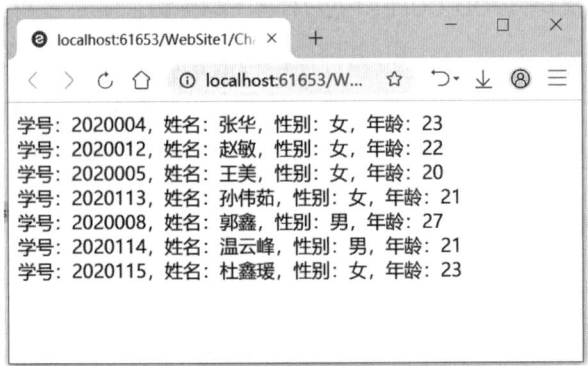

图 7.1　运行结果

7.2 使用 Global.asax 进行配置

在每一个 ASP.NET 应用程序里都包含一个名为 Global.asax 的文件。它主要负责一些高级别的应用程序事件，如应用程序的开始和结束、会话状态的开始和结束等。开发人员可以在 Global.asax 中编写一些处理程序级别的事件的代码，并且将这个文件放置于程序所在的虚拟目录中。当第一次程序中的任何资源或者 URL 被请求时，ASP.NET 将自动将这个文件编译成一个.NET Framework 类（继承自 HttpApplication 类）。任何外部的用户将无法直接下载或者浏览 Global.asax 文件。Global.asax 文件中包括以下几个程序级别事件：

（1）Application_Start：ASP.NET 程序开始执行时触发该事件。
（2）Application_End：ASP.NET 程序结束执行时触发该事件。
（3）Session_Start：一个 session 开始执行时触发该事件。
（4）Session_End：一个 session 结束执行时触发该事件。
（5）Application_BeginRequest：一个请求开始执行时触发该事件。
（6）Application_EndRequest：一个请求结束执行时触发该事件。
（7）Application_Error：ASP.NET 程序出错时触发该事件。

右键"解决方案管理器"中的网站，在弹出的快捷菜单中选择"添加新项"命令，弹出如图 7.2 所示的对话框，在对话框中选择"全局应用程序类"，单击"添加"按钮，即可把一个 Global.asax 的文件添加到网站中。

图 7.2 添加新项

初始代码如下：

```
<%@ Application Language="C#" %>
<script runat="server">
    void Application_Start(object sender, EventArgs e)
    {
        //在应用程序启动时运行的代码
```

```
    }
    void Application_End(object sender, EventArgs e)
    {
        //在应用程序关闭时运行的代码

    }
    void Application_Error(object sender, EventArgs e)
    {
        //在出现未处理的错误时运行的代码

    }
    void Session_Start(object sender, EventArgs e)
    {
        //在新会话启动时运行的代码

    }
    void Session_End(object sender, EventArgs e)
    {
        //在会话结束时运行的代码。
        // 注意: 只有在 Web.config 文件中的 sessionstate 模式设置为
        // InProc 时,才会引发 Session_End 事件。如果会话模式
        //设置为 StateServer 或 SQLServer,则不会引发该事件。

    }
</script>
```

在"6.6 Application 对象"中，例 6.15 网站的访问计数，利用 Application 实现网站访问量统计的实现过程中已经讲解了 Application_Start、Session_Start 等的用法。通过下面的例子了解 Application_Error 事件的使用方法。

例 7.3 在网站中增加一个名为 Error.aspx 的网页，当程序运行过程中出现错误时跳转到该页面，并显示相应的错误信息。运行结果如图 7.3 所示。

图 7.3 运行结果

步骤一：创建页面 Chapter702.apsx，实现功能是从数据库中提取信息，但连接串中数据库书写错误，并不存在，所以运行时会出错。

代码如下：

```
protected void Page_Load(object sender, EventArgs e)
{
    string conStr = "Provider=SQLOLEDB.1;Integrated Security=SSPI; Persist Security Info=False;Initial Catalog=wlbcjss;Data Source=.";
    OleDbConnection con = new OleDbConnection();
    con.ConnectionString = conStr;
    con.Open();
    string sql = "select * from studentInfo";
    OleDbCommand cmd = new OleDbCommand(sql, con);
    OleDbDataReader dr = cmd.ExecuteReader();
    while (dr.Read())
    {
        Response.Write("学号:" + dr["sno"] + ",姓名:" + dr["sname"] + ",性别:" + dr["ssex"] + ",年龄:" + dr["sage"] + "<br>");
    }
    dr.Close();
    con.Close();
}
```

步骤二：创建 Error.aspx。

代码如下：

```
public partial class Error : System.Web.UI.Page
{
    protected void Page_Load(object sender, EventArgs e)
    {
        Response.Write("<h3>显示错误信息</h3>");
        Response.Write("<hr/>");
        Response.Write(Application["Error"].ToString());
    }
}
```

步骤三：修改 Global.asax 页代码，找到 Application_Error 事件，对其进行修改。

代码如下：

```
void Application_Error(object sender, EventArgs e)
{
    //在出现未处理的错误时运行的代码
    string errorMessage = Server.GetLastError().ToString();
    Application.Lock();
    Application["Error"] = errorMessage;
    Application.UnLock();
    Server.Transfer("Error.aspx");
}
```

其中，Server.GetLastError（）方法返回上一次发生错误的异常对象，然后通过 ToString（）获得错误信息，将错误信息保存到 Application 变量 Error 中。

步骤四：运行 Chapter702.apsx 页面即可。

 思考 若出现错误的代码使用了 try…catch 语句处理，还会不会引发 Application_Error 事件？

7.3 本章小结

本章重点介绍了 ASP.NET 程序的配置文件，主要包括 web.config 和 Global.asax 两个。通过本章学习，读者应该能够在网站开发过程中合理的使用配置文件来完成相应的设置和功能。

第 7 章源码包

习题

1．configSections 元素包含的子元素有（　　）。
   A．section　　　　B．sectionGroup　　C．remove　　　D．clear

2．配置节设置部分的<authentication>和</authentication>可以设置应用程序的身份验证策略。可以选择的模式有（　　）。
   A．Windows　　　B．Forms　　　　　C．Passport　　　D．None

3．customErrors 元素中，错误模式不包括的模式有（　　）。
   A．on　　　　　　B．RemoteOnly　　　C．off　　　　　D．none

4．Sessionstate 元素的 mode 属性可以取的值包括（　　）。
   A．Off　　　　　　B．Inproc　　　　　C．StateServer　　D．SqlServer

5．<authentication>和</authentication>段用于设置应用程序的授权策略，可以使用子元素（　　）和（　　）设置该段允许或拒绝不同的用户或角色访问。
   A．allow　　　　　B．accept　　　　　C．refuse　　　　D．deny

6．简单说明<authentication>和</authentication>配置段的作用。

7．简述 Application_Start 和 Application_End 事件的触发过程。

8．简述应用程序的身份验证策略。

9．<forms>标签支持的属性包括（　　）、（　　）、（　　）和（　　）。

10．当服务器接收到应用程序中的 URL 格式的 HTTP 请求时，将触发（　　）事件，并建立一个（　　）对象。当调用（　　）方法时或者在 TimeOut 时间内用户没有刷新操作，将触发（　　）事件。

第 8 章 自主学习资源网

随着科学技术的不断进步，计算机技术和网络平台技术在得到了迅猛的发展并逐渐开始普及，不仅给人们的生活带来了非常多的便利，还给人们的工作带来了极大的帮助。人们越来越离不开网络，同样学生的学习与高校教育教学也越来越离不开网络。为了适应和满足学生在线学习和高校教育教学改革与推广的需求，采用传统的静态网站已经远远落后于时代的步伐，动态网站以其独特的优越性，已经渐渐地取代了静态网站。通过动态网络，可以将教师和学生紧密联系起来，建立多元互动，打破传统教育的地域、场所等因素限制，大大提高了教育推广作用的范围与速度。本章设计的在线学习系统（即"自主学习资源网"）底层数据库采用SQLServer技术，表示层主要通过ASP.NET页面控件来实现，业务逻辑层主要通过C#实现。

8.1 功能分析

本系统按照功能可以分为学生功能模块、教师功能模块、管理员功能模块。学生功能模块又分为个人信息模块、学生选课模块、资源下载模块、课题提交模块意见留言模块。教师功能模块又分为个人信息模块、教师开课模块、课题上传模块、意见留言模块。管理员模块分为个人信息模块、用户信息管理模块、课程成绩管理模块以及留言资源管理模块。本系统的功能模块图如图8.1所示。

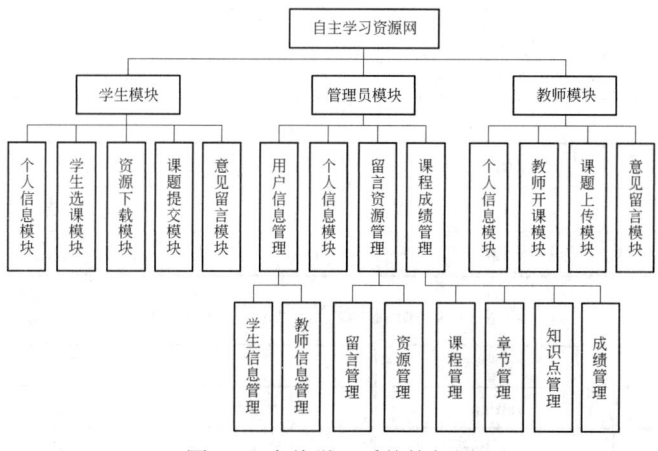

图 8.1　在线学习系统构架图

8.2 数据库设计

本系统采用的数据库为 SQL Server 2008 数据库，它具有界面友好、易操作，开发简单，便于安装等优点。根据本系统的功能要求，此次设计的数据库系统命名为 AutonomousLearning，数据库中共包括以下 13 张数据表：

（1）Admin 管理员信息表；
（2）Chapter 章节目录信息表；
（3）Course 课程信息表；
（4）Forum 讨论交流表；
（5）Student 学生基本信息表；
（6）Grades 成绩信息表；
（7）OpenCourse 开放课程信息表；
（8）OperateType 操作种类信息表；
（9）Resources 资源表；
（10）SelectCourse 选课表；
（11）Task 考试测验表；
（12）Teacher 教师信息表；
（13）Topic 主题表。

各个数据表的设计视图见表 8.1 至表 8.13。

表 8.1 Admin 管理员信息表的设计视图

字段名	字段类型	描述
AdminID	int	自动编号（主键）
AdminName	varchar	姓名
AdminPwd	varchar	密码

表 8.2 Chapter 章节目录信息表的设计视图

字段名	字段类型	描述
CID	int	自动编号（主键）
ChapterID	varchar	章节 ID
ChapterName	varchar	章节名
CourseID	varchar	课程 ID
TeaID	int	教师 ID

表 8.3 Course 课程信息表的设计视图

字段名	字段类型	描述
CourseID	varchar	课程号（主键）
CourseName	varchar	课程名

续表

字段名	字段类型	描述
CourseContent	varchar	课程介绍
CoursePic	varchar	课程相关图片

表 8.4 Forum 讨论交流表的设计视图

字段名	字段类型	描述
ForumID	varchar	论坛号（主键）
ForumName	varchar	论坛名
CourseID	varchar	课程 ID

表 8.5 Student 学生基本信息表的设计视图

字段名	字段类型	描述
StuID	int	学生编号（主键）
StuName	varchar	学生名
StuPwd	varchar	密码
StuImg	varchar	头像
StuSex	varchar	性别
StuTel	varchar	电话
StuEmail	varchar	电子邮件
StuCity	varchar	地址
StuQue	varchar	密码提示问题
StuAns	varchar	密码提示问题答案
StuIntegral	int	学分

表 8.6 Grades 成绩信息表的设计视图

字段名	字段类型	描述
GradesID	int	自动编号（主键）
StuID	int	学生 ID
CourseID	varchar	课程 ID
Grade	int	分数
GradesDate	datetime	测试时间
GainIntegral	int	学分

表 8.7 OpenCourse 开放课程信息表的设计视图

字段名	字段类型	描述
OpenID	int	自动编号（主键）
TeaID	int	教师 ID
CourseID	varchar	课程 ID

表 8.8　OperationType 操作种类信息表的设计视图

字段名	字段类型	描述
ORID	int	自动编号（主键）
ORType	varchar	操作类型
ResID	int	资源 ID
ORObject	varchar	操作人身份
ORDate	datetime	操作日期

表 8.9　Resources 资源表的设计视图

字段名	字段类型	描述
ResID	int	资源号
ResIntroduction	varchar	资源介绍
ResAddr	varchar	资源地址
ResName	varchar	资源名称
ResDate	datetime	上传日期
ResObject	varchar	上传人
CourseID	varchar	课程号

表 8.10　SelectCourse 选课表的设计视图

字段名	字段类型	描述
SelectID	int	自动编号（主键）
StuID	int	学生 ID
CourseID	varchar	课程 ID
TeaID	int	教师 ID

表 8.11　Task 考试测验表的设计视图

字段名	字段类型	描述
TaskID	int	自动编号（主键）
TaskName	varchar	测试题名称
StuID	int	学生 ID
TaskAddr	varchar	测试题路径

表 8.12　Teacher 教师信息表的设计视图

字段名	字段类型	描述
TeaID	int	自动编号（主键）
TeaName	varchar	教师名称
TeaPwd	varchar	密码

续表

字段名	字段类型	描述
TeaImg	varchar	照片
TeaSex	varchar	性别
TeaTel	varchar	电话
TeaEmail	varchar	邮箱
TeaCity	varchar	城市
TeaQue	varchar	密码提示问题
TeaAns	varchar	密码提示问题答案

表 8.13 Topic 主题表的设计视图

字段名	字段类型	描述
TopicID	int	自动编号（主键）
TopicName	varchar	主题名称
ChapterID	varchar	章节 ID
CourseID	varchar	课程 ID
TopicAddr	varchar	主题地址

8.3 数据访问和存储层的实现

为了更方便地访问 SQL Server 数据库，这里开发了名为 Model、DAL、BLL、DBUtility、Commom 类空间来提供访问数据库的接口。

8.3.1 Model 类

Model 类里存放了网站各个页面所用的 ID，以及自动提取数据库字段的描述信息，该空间下包含 19 个类，以下仅列出 Admin 和 Chapter 两个类的实现代码，其他均与其类似：

```
using System;
using System.Collections.Generic;
using System.Linq;
using System.Text;

namespace Model
{
    /// <summary>
    /// Admin:实体类(属性说明自动提取数据库字段的描述信息)
    /// </summary>
    [Serializable]
    public partial class Admin
    {
        public Admin()
```

```csharp
        { }
        private int _adminid;
        private string _adminname;
        private string _adminpwd;
        public int AdminID
        {
            set { _adminid = value; }
            get { return _adminid; }
        }
        public string AdminName
        {
            set { _adminname = value; }
            get { return _adminname; }
        }
        public string AdminPwd
        {
            set { _adminpwd = value; }
            get { return _adminpwd; }
        }
    }
}

using System;
using System.Collections.Generic;
using System.Linq;
using System.Text;

namespace Model
{/// <summary>
    /// Chapter:实体类(属性说明自动提取数据库字段的描述信息)
    /// </summary>
    [Serializable]
    public partial class Chapter
    {
        public Chapter()
        { }
        private int _cid;
        private string _chapterid;
        private string _chaptername;
        private string _courseid;
        private int _teaid;

        public int CID
        {
            set { _cid = value; }
            get { return _cid; }
        }
```

```csharp
        public string ChapterID
        {
            set { _chapterid = value; }
            get { return _chapterid; }
        }
        public string ChapterName
        {
            set { _chaptername = value; }
            get { return _chaptername; }
        }
        public string CourseID
        {
            set { _courseid = value; }
            get { return _courseid; }
        }
        public int TeaID
        {
            set { _teaid = value; }
            get { return _teaid; }
        }
    }
}
```

8.3.2 DAL 类

DAL 类里存放的是各个页面的 SQL 语句，判断数据是否存在，对具体页面的数据"增删改查"，该空间下包含 21 个类，以下仅列出 OpenCourse 类的实现代码，其他均与其类似：

```csharp
using System;
using System.Data;
using System.Text;
using System.Data.SqlClient;
using DBUtility;

namespace DAL
{
    /// <summary>
    /// 数据访问类:OpenCourse
    /// </summary>
    public partial class OpenCourse
    {
        public OpenCourse()
        { }
        public DataSet DataBindToRepeater(string TeacherName)
        {
            string sql = string.Format("select Teacher.TeaID,Course.CourseID,TeaName,CourseName,CourseContent from Teacher,Course,OpenCourse where Teacher.
```

```csharp
TeaID=OpenCourse.TeaID and OpenCourse.CourseID=Course.CourseID and TeaName= '{0}'",
TeacherName);
            return DbHelperSQL.Query(sql);
        }

        public bool Delete(int teaID, string CourseID)
        {
            StringBuilder strSql = new StringBuilder();
            strSql.Append("delete from OpenCourse ");
            strSql.Append(" where teaID=@teaID and CourseID=@CourseID ");
            SqlParameter[] parameters = {
                    new SqlParameter("@teaID", SqlDbType.Int,4),
                     new SqlParameter("@CourseID", SqlDbType.VarChar,20)
                                    };
            parameters[0].Value = teaID;
            parameters[1].Value = CourseID;
            int rows = DbHelperSQL.ExecuteSql(strSql.ToString(), parameters);
            if (rows > 0)
            {
                return true;
            }
            else
            {
                return false;
            }
        }
        #region  BasicMethod
        /// <summary>
        /// 得到最大ID
        /// </summary>
        public int GetMaxId()
        {
            return DbHelperSQL.GetMaxID("OpenID", "OpenCourse");
        }
        /// <summary>
        /// 是否存在该记录
        /// </summary>
        public bool Exists(int OpenID)
        {
            StringBuilder strSql = new StringBuilder();
            strSql.Append("select count(1)from OpenCourse");
            strSql.Append(" where OpenID=@OpenID ");
            SqlParameter[] parameters = {
                    new SqlParameter("@OpenID", SqlDbType.Int,4)            };
            parameters[0].Value = OpenID;

            return DbHelperSQL.Exists(strSql.ToString(), parameters);
```

```csharp
}
/// <summary>
/// 增加一条数据
/// </summary>
public bool Add(Model.OpenCourse model)
{
    StringBuilder strSql = new StringBuilder();
    strSql.Append("insert into OpenCourse(");
    strSql.Append("TeaID,CourseID)");
    strSql.Append(" values (");
    strSql.Append("@TeaID,@CourseID)");
    SqlParameter[] parameters = {
            new SqlParameter("@TeaID", SqlDbType.Int,4),
            new SqlParameter("@CourseID", SqlDbType.VarChar,20)};
    parameters[0].Value = model.TeaID;
    parameters[1].Value = model.CourseID;

    int rows = DbHelperSQL.ExecuteSql(strSql.ToString(), parameters);
    if (rows > 0)
    {
        return true;
    }
    else
    {
        return false;
    }
}
/// <summary>
/// 更新一条数据
/// </summary>
public bool Update(Model.OpenCourse model)
{
    StringBuilder strSql = new StringBuilder();
    strSql.Append("update OpenCourse set ");
    strSql.Append("TeaID=@TeaID,");
    strSql.Append("CourseID=@CourseID");
    strSql.Append(" where OpenID=@OpenID ");
    SqlParameter[] parameters = {
            new SqlParameter("@TeaID", SqlDbType.Int,4),
            new SqlParameter("@CourseID", SqlDbType.VarChar,20),
            new SqlParameter("@OpenID", SqlDbType.Int,4)};
    parameters[0].Value = model.TeaID;
    parameters[1].Value = model.CourseID;
    parameters[2].Value = model.OpenID;

    int rows = DbHelperSQL.ExecuteSql(strSql.ToString(), parameters);
    if (rows > 0)
```

```csharp
        {
            return true;
        }
        else
        {
            return false;
        }
    }
    /// <summary>
    /// 删除一条数据
    /// </summary>
    public bool Delete(int OpenID)
    {

        StringBuilder strSql = new StringBuilder();
        strSql.Append("delete from OpenCourse ");
        strSql.Append(" where OpenID=@OpenID ");
        SqlParameter[] parameters = {
                new SqlParameter("@OpenID", SqlDbType.Int,4)            };
        parameters[0].Value = OpenID;

        int rows = DbHelperSQL.ExecuteSql(strSql.ToString(), parameters);
        if (rows > 0)
        {
            return true;
        }
        else
        {
            return false;
        }
    }
    /// <summary>
    /// 批量删除数据
    /// </summary>
    public bool DeleteList(string OpenIDlist)
    {
        StringBuilder strSql = new StringBuilder();
        strSql.Append("delete from OpenCourse ");
        strSql.Append(" where OpenID in (" + OpenIDlist + ") ");
        int rows = DbHelperSQL.ExecuteSql(strSql.ToString());
        if (rows > 0)
        {
            return true;
        }
        else
        {
            return false;
```

```csharp
        }
    }
    /// <summary>
    /// 得到一个对象实体
    /// </summary>
    public Model.OpenCourse GetModel(int OpenID)
    {

        StringBuilder strSql = new StringBuilder();
        strSql.Append("select  top 1 OpenID,TeaID,CourseID from OpenCourse ");
        strSql.Append(" where OpenID=@OpenID ");
        SqlParameter[] parameters = {
                new SqlParameter("@OpenID", SqlDbType.Int,4)          };
        parameters[0].Value = OpenID;

        Model.OpenCourse model = new Model.OpenCourse();
        DataSet ds = DbHelperSQL.Query(strSql.ToString(), parameters);
        if (ds.Tables[0].Rows.Count > 0)
        {
            return DataRowToModel(ds.Tables[0].Rows[0]);
        }
        else
        {
            return null;
        }
    }
    /// <summary>
    /// 得到一个对象实体
    /// </summary>
    public Model.OpenCourse DataRowToModel(DataRow row)
    {
        Model.OpenCourse model = new Model.OpenCourse();
        if (row != null)
        {
            if (row["OpenID"]!= null&&row["OpenID"].ToString()!= "")
            {
                model.OpenID = int.Parse(row["OpenID"].ToString());
            }
            if (row["TeaID"]!= null&&row["TeaID"].ToString()!= "")
            {
                model.TeaID = int.Parse(row["TeaID"].ToString());
            }
            if (row["CourseID"]!= null)
            {
                model.CourseID = row["CourseID"].ToString();
            }
        }
```

```csharp
            return model;
        }
        /// <summary>
        /// 获得数据列表
        /// </summary>
        public DataSet GetList(string strWhere)
        {
            StringBuilder strSql = new StringBuilder();
            strSql.Append("select OpenID,TeaID,CourseID ");
            strSql.Append(" FROM OpenCourse ");
            if (strWhere.Trim() != "")
            {
                strSql.Append(" where " + strWhere);
            }
            return DbHelperSQL.Query(strSql.ToString());
        }
        public DataSet GetListCourseID(string CourseID)
        {
            StringBuilder strSql = new StringBuilder();
            strSql.Append("select OpenID,Teacher.TeaID,CourseID,TeaName ");
            strSql.Append(" FROM OpenCourse inner join Teacher on OpenCourse.TeaID=Teacher.TeaID ");
            string strWhere = string.Format("CourseID='{0}'", CourseID);
            if (strWhere.Trim() != "")
            {
                strSql.Append(" where " + strWhere);
            }
            return DbHelperSQL.Query(strSql.ToString());
        }
        /// <summary>
        /// 获得前几行数据
        /// </summary>
        public DataSet GetList(int Top, string strWhere, string filedOrder)
        {
            StringBuilder strSql = new StringBuilder();
            strSql.Append("select ");
            if (Top > 0)
            {
                strSql.Append(" top " + Top.ToString());
            }
            strSql.Append(" OpenID,TeaID,CourseID ");
            strSql.Append(" FROM OpenCourse ");
            if (strWhere.Trim() != "")
            {
                strSql.Append(" where " + strWhere);
            }
            strSql.Append(" order by " + filedOrder);
```

```csharp
            return DbHelperSQL.Query(strSql.ToString());
        }
        /// <summary>
        /// 获取记录总数
        /// </summary>
        public int GetRecordCount(string strWhere)
        {
            StringBuilder strSql = new StringBuilder();
            strSql.Append("select count(1)FROM OpenCourse ");
            if (strWhere.Trim()!= "")
            {
                strSql.Append(" where " + strWhere);
            }
            object obj = DbHelperSQL.GetSingle(strSql.ToString());
            if (obj == null)
            {
                return 0;
            }
            else
            {
                return Convert.ToInt32(obj);
            }
        }
        /// <summary>
        /// 分页获取数据列表
        /// </summary>
        public DataSet GetListByPage(string strWhere, string orderby, int startIndex, int endIndex)
        {
            StringBuilder strSql = new StringBuilder();
            strSql.Append("SELECT * FROM ( ");
            strSql.Append(" SELECT ROW_NUMBER()OVER (");
            if (!string.IsNullOrEmpty(orderby.Trim()))
            {
                strSql.Append("order by T." + orderby);
            }
            else
            {
                strSql.Append("order by T.OpenID desc");
            }
            strSql.Append(")AS Row, T.*  from OpenCourse T ");
            if (!string.IsNullOrEmpty(strWhere.Trim()))
            {
                strSql.Append(" WHERE " + strWhere);
            }
            strSql.Append(" )TT");
            strSql.AppendFormat(" WHERE TT.Row between {0} and {1}", startIndex,
```

```
endIndex);
            return DbHelperSQL.Query(strSql.ToString());
        }
        #endregion  BasicMethod
    }
}
```

8.3.3　BLL 类

BLL 类里分别存放了获取每个功能页面的数据表、对象以及调用 Model 类 ID，之后辨别选择使用的是哪个页面的功能，调用 DAl 类里的 SQL 语句，该空间下包含 21 个类，以下仅列出 Student 类的实现代码，其他均与其类似：

```
using System;
using System.Data;
using System.Collections.Generic;
using Common;
using Model;
namespace BLL
{
    /// <summary>
    /// Student
    /// </summary>
    public partial class Student
    {
        private readonly DAL.Student dal = new DAL.Student();
        public Student()
        { }
        #region  BasicMethod
        /// <summary>
        /// 得到最大 ID
        /// </summary>
        public int GetMaxId()
        {
            return dal.GetMaxId();
        }
        /// <summary>
        /// 是否存在该记录
        /// </summary>
        public bool Exists(int StuID)
        {
            return dal.Exists(StuID);
        }
        /// <summary>
        /// 增加一条数据
        /// </summary>
        public bool Add(Model.Student model)
        {
```

```csharp
        return dal.Add(model);
    }
    /// <summary>
    /// 更新一条数据
    /// </summary>
    public bool Update(Model.Student model)
    {
        return dal.Update(model);
    }
    /// <summary>
    /// 更新头像
    /// </summary>
    public bool UpdateImg(Model.Student model)
    {
        return dal.UpdateImg(model);
    }
    /// <summary>
    /// 更新积分
    /// </summary>
    public bool UpdateInt(Model.Student model)
    {
        return dal.UpdateInt(model);
    }
    /// <summary>
    /// 更新个人资料
    /// </summary>
    public bool UpdateData(Model.Student model)
    {
        return dal.UpdateData(model);
    }
    /// <summary>
    /// 修改密码
    /// </summary>
    public bool UpdatePwd(Model.Student model)
    {
        return dal.UpdatePwd(model);
    }
    /// <summary>
    /// 删除一条数据
    /// </summary>
    public bool Delete(int StuID)
    {
        return dal.Delete(StuID);
    }
    /// <summary>
    /// 删除一条数据
    /// </summary>
```

```csharp
public bool DeleteList(string StuIDlist)
{
    return dal.DeleteList(StuIDlist);
}
/// <summary>
/// 得到一个对象实体
/// </summary>
public Model.Student GetModel(int StuID)
{
    return dal.GetModel(StuID);
}
/// <summary>
/// 通过用户名得到一个对象实体
/// </summary>
public Model.Student GetModelbyName(string StuName)
{
    return dal.GetModelbyName(StuName);
}
/// <summary>
/// 通过用户名和密码得到一个对象实体
/// </summary>
public Model.Student GetModelbynp(string StuName, string StuPwd)
{
    return dal.GetModelbynp(StuName, StuPwd);
}
/// <summary>
/// 得到一个对象实体,从缓存中
/// </summary>
public Model.Student GetModelByCache(int StuID)
{
    string CacheKey = "StudentModel-" + StuID;
    object objModel = Common.DataCache.GetCache(CacheKey);
    if (objModel == null)
    {
        try
        {
            objModel = dal.GetModel(StuID);
            if (objModel != null)
            {
                int ModelCache = Common.ConfigHelper.GetConfigInt ("ModelCache");
                Common.DataCache.SetCache(CacheKey, objModel, DateTime.Now.AddMinutes(ModelCache), TimeSpan.Zero);
            }
        }
        catch { }
    }
```

```csharp
            return (Model.Student)objModel;
}
/// <summary>
/// 获得数据列表
/// </summary>
public DataSet GetList(string strWhere)
{
    return dal.GetList(strWhere);
}
/// <summary>
/// 获得前几行数据
/// </summary>
public DataSet GetList(int Top, string strWhere, string filedOrder)
{
    return dal.GetList(Top, strWhere, filedOrder);
}
/// <summary>
/// 获得数据列表
/// </summary>
public List<Model.Student> GetModelList(string strWhere)
{
    DataSet ds = dal.GetList(strWhere);
    return DataTableToList(ds.Tables[0]);
}
/// <summary>
/// 获得数据列表
/// </summary>
public List<Model.Student> DataTableToList(DataTable dt)
{
    List<Model.Student> modelList = new List<Model.Student>();
    int rowsCount = dt.Rows.Count;
    if (rowsCount > 0)
    {
        Model.Student model;
        for (int n = 0; n < rowsCount; n++)
        {
            model = dal.DataRowToModel(dt.Rows[n]);
            if (model != null)
            {
                modelList.Add(model);
            }
        }
    }
    return modelList;
}
/// <summary>
/// 获得数据列表
```

```
        /// </summary>
        public DataSet GetAllList()
        {
            return GetList("");
        }
        /// <summary>
        /// 分页获取数据列表
        /// </summary>
        public int GetRecordCount(string strWhere)
        {
            return dal.GetRecordCount(strWhere);
        }
        /// <summary>
        /// 分页获取数据列表
        /// </summary>
        public DataSet GetListByPage(string strWhere, string orderby, int startIndex, int endIndex)
        {
            return dal.GetListByPage(strWhere, orderby, startIndex, endIndex);
        }
        #endregion  BasicMethod
    }
}
```

8.3.4 DBUtility 类

DBUtility 类里存放对各项数据分页、获取、命令的描述信息。查询数据表是否存在、执行简单 sql 语句、返回查询结果（对总体数据进行操作，执行多个 SQL 语句），该空间下包含 5 个类，分别是 CommandInfo.cs、DbHelperSQL.cs、DESEncrypt.cs、PubConstant.cs、SQLHelper.cs。

CommandInfo 类代码如下：

```
public class CommandInfo
    {
        public object ShareObject = null;
        public object OriginalData = null;
        event EventHandler _solicitationEvent;
        public event EventHandler SolicitationEvent
        {
            add
            {
                _solicitationEvent += value;
            }
            remove
            {
                _solicitationEvent -= value;
            }
```

```csharp
        }
        public void OnSolicitationEvent()
        {
            if (_solicitationEvent!= null)
            {
                _solicitationEvent(this, new EventArgs());
            }
        }
        public string CommandText;
        public System.Data.Common.DbParameter[]Parameters;
        public EffentNextType EffentNextType = EffentNextType.None;
        public CommandInfo()
        {

        }
        public CommandInfo(string sqlText, SqlParameter[]para)
        {
            this.CommandText = sqlText;
            this.Parameters = para;
        }
        public CommandInfo(string sqlText, SqlParameter[]para, EffentNext Type type)
        {
            this.CommandText = sqlText;
            this.Parameters = para;
            this.EffentNextType = type;
        }
    }
```

DESEncrypt 类代码如下：

```csharp
using System;
using System.Security.Cryptography;
using System.Text;
namespace DBUtility
{
    /// <summary>
    /// DES 加密/解密类。
    /// </summary>
    public class DESEncrypt
    {
        public DESEncrypt()
        {
        }
        #region ========加密========
        /// <summary>
        /// 加密
        /// </summary>
```

```csharp
/// <param name="Text"></param>
/// <returns></returns>
public static string Encrypt(string Text)
{
    return Encrypt(Text, "litianping");
}
/// <summary>
/// 加密数据
/// </summary>
/// <param name="Text"></param>
/// <param name="sKey"></param>
/// <returns></returns>
public static string Encrypt(string Text, string sKey)
{
    DESCryptoServiceProvider des = new DESCryptoServiceProvider();
    byte[] inputByteArray;
    inputByteArray = Encoding.Default.GetBytes(Text);
    des.Key=ASCIIEncoding.ASCII.GetBytes(System.Web.Security.FormsAuthentication.HashPasswordForStoringInConfigFile(sKey, "md5").Substring(0,8));
    des.IV=ASCIIEncoding.ASCII.GetBytes(System.Web.Security.FormsAuthentication.HashPasswordForStoringInConfigFile(sKey, "md5").Substring(0, 8));
    System.IO.MemoryStream ms = new System.IO.MemoryStream();
    CryptoStream cs = new CryptoStream(ms, des.CreateEncryptor(), CryptoStreamMode.Write);
    cs.Write(inputByteArray, 0, inputByteArray.Length);
    cs.FlushFinalBlock();
    StringBuilder ret = new StringBuilder();
    foreach (byte b in ms.ToArray())
    {
        ret.AppendFormat("{0:X2}", b);
    }
    return ret.ToString();
}
#endregion
#region ========解密========
/// <summary>
/// 解密
/// </summary>
/// <param name="Text"></param>
/// <returns></returns>
public static string Decrypt(string Text)
{
    return Decrypt(Text, "litianping");
}
/// <summary>
/// 解密数据
```

```csharp
        /// </summary>
        /// <param name="Text"></param>
        /// <param name="sKey"></param>
        /// <returns></returns>
        public static string Decrypt(string Text, string sKey)
        {
            DESCryptoServiceProvider des = new DESCryptoServiceProvider();
            int len;
            len = Text.Length / 2;
            byte[] inputByteArray = new byte[len];
            int x, i;
            for (x = 0; x < len; x++)
            {
                i = Convert.ToInt32(Text.Substring(x * 2, 2), 16);
                inputByteArray[x] = (byte)i;
            }
            des.Key = ASCIIEncoding.ASCII.GetBytes(System.Web.Security. Forms Authentication.HashPasswordForStoringInConfigFile(sKey, "md5").Substring(0, 8));
            des.IV = ASCIIEncoding.ASCII.GetBytes(System.Web.Security.Forms Authentication.HashPasswordForStoringInConfigFile(sKey, "md5").Substring(0, 8));
            System.IO.MemoryStream ms = new System.IO.MemoryStream();
            CryptoStream cs = new CryptoStream(ms, des.CreateDecryptor(), CryptoStreamMode.Write);
            cs.Write(inputByteArray, 0, inputByteArray.Length);
            cs.FlushFinalBlock();
            return Encoding.Default.GetString(ms.ToArray());
        }
        #endregion
    }
}
```

8.3.5 Commom 类

Commom 类里存放的是缓存的各个操作类，作用是便于头像图片的更改、密码的更改。ConfigHelper.cs 类代码如下：

```csharp
using System;
using System.Configuration;
namespace Common
{
    /// <summary>
    /// web.config 操作类
    /// Copyright (C)Maticsoft
    /// </summary>
    public sealed class ConfigHelper
    {
        /// <summary>
        /// 得到 AppSettings 中的配置字符串信息
```

```csharp
/// </summary>
/// <param name="key"></param>
/// <returns></returns>
public static string GetConfigString(string key)
{
    string CacheKey = "AppSettings-" + key;
    object objModel = DataCache.GetCache(CacheKey);
    if (objModel == null)
    {
        try
        {
            objModel = ConfigurationManager.AppSettings[key];
            if (objModel != null)
            {
                DataCache.SetCache(CacheKey,objModel,DateTime.Now.AddMinutes(180), TimeSpan.Zero);
            }
        }
        catch
        { }
    }
    return objModel.ToString();
}
/// <summary>
/// 得到AppSettings中的配置Bool信息
/// </summary>
/// <param name="key"></param>
/// <returns></returns>
public static bool GetConfigBool(string key)
{
    bool result = false;
    string cfgVal = GetConfigString(key);
    if (null != cfgVal && string.Empty != cfgVal)
    {
        try
        {
            result = bool.Parse(cfgVal);
        }
        catch (FormatException)
        {
            // Ignore format exceptions.
        }
    }
    return result;
}
/// <summary>
/// 得到AppSettings中的配置Decimal信息
```

```csharp
/// </summary>
/// <param name="key"></param>
/// <returns></returns>
public static decimal GetConfigDecimal(string key)
{
    decimal result = 0;
    string cfgVal = GetConfigString(key);
    if (null != cfgVal && string.Empty != cfgVal)
    {
        try
        {
            result = decimal.Parse(cfgVal);
        }
        catch (FormatException)
        {
            // Ignore format exceptions.
        }
    }
    return result;
}
/// <summary>
/// 得到AppSettings中的配置int信息
/// </summary>
/// <param name="key"></param>
/// <returns></returns>
public static int GetConfigInt(string key)
{
    int result = 0;
    string cfgVal = GetConfigString(key);
    if (null != cfgVal && string.Empty != cfgVal)
    {
        try
        {
            result = int.Parse(cfgVal);
        }
        catch (FormatException)
        {
            // Ignore format exceptions.
        }
    }
    return result;
}
    }
}
```

DataCache.cs 类代码如下：

```csharp
using System;
using System.Web;
```

```csharp
namespace Common
{
    /// <summary>
    /// 缓存相关的操作类
    /// Copyright (C)Maticsoft
    /// </summary>
    public class DataCache
    {
        /// <summary>
        /// 获取当前应用程序指定CacheKey的Cache值
        /// </summary>
        /// <param name="CacheKey"></param>
        /// <returns></returns>
        public static object GetCache(string CacheKey)
        {
            System.Web.Caching.Cache objCache = HttpRuntime.Cache;
            return objCache[CacheKey];
        }
        /// <summary>
        /// 设置当前应用程序指定CacheKey的Cache值
        /// </summary>
        /// <param name="CacheKey"></param>
        /// <param name="objObject"></param>
        public static void SetCache(string CacheKey, object objObject)
        {
            System.Web.Caching.Cache objCache = HttpRuntime.Cache;
            objCache.Insert(CacheKey, objObject);
        }
        /// <summary>
        /// 设置当前应用程序指定CacheKey的Cache值
        /// </summary>
        /// <param name="CacheKey"></param>
        /// <param name="objObject"></param>
        public static void SetCache(string CacheKey, object objObject, DateTime absoluteExpiration, TimeSpan slidingExpiration)
        {
            System.Web.Caching.Cache objCache = HttpRuntime.Cache;
            objCache.Insert(CacheKey, objObject, null, absoluteExpiration, slidingExpiration);
        }
    }
}
```

8.4 部分功能界面

本系统部分功能界面如图 8.2 至图 8.9 所示。

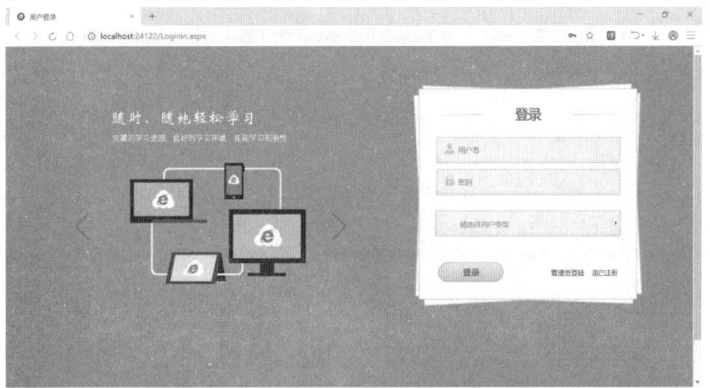

图 8.2　系统登录界面

图 8.3　系统后台登录界面

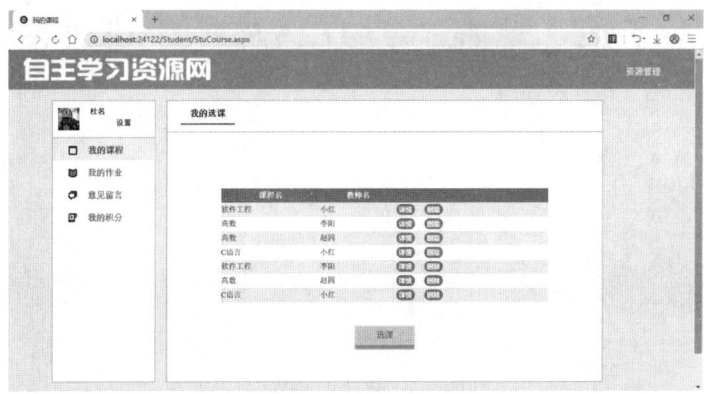

图 8.4　学生选课界面

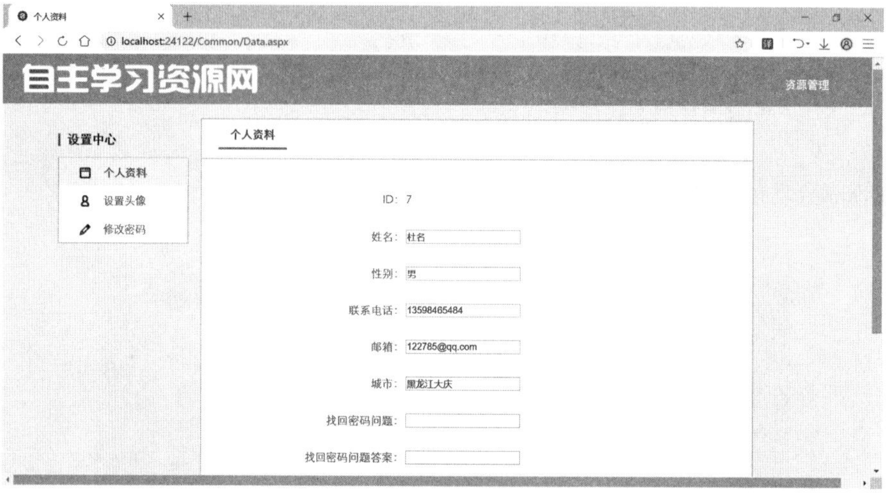

图 8.5　个人资料设置界面

图 8.6　设置头像界面

图 8.7　修改密码界面

第 8 章 自主学习资源网

图 8.8 课程资源下载/上传界面

图 8.9 课程简介界面

8.5 源码

扫二维码下载网站的资源包，资源包内包括数据库和源程序。AutonomousLearning.mdf 和 AutonomousLearning_log.ldf 为数据库文件，可直接附加。AutonomousLearning 文件夹下存放的为源码，需要对 Web 文件夹下的 Web.config 中的"ConnectionString"数据库连接串进行修改。

8.6 本章小结

本章介绍了自主学习资源网的开发流程和总体设计，重点分析了自主学习资源网的设计与整合，介绍了自主学习资源网的设计过程。通过本章的学习，读者应学会将多个模板整合为一个完整系统。

第 8 章源码包

参考文献

[1] 刘苗苗，张永生. ASP.NET 程序设计及应用［M］. 北京：清华大学出版社，2018

[2] 张正礼，陈文臣，何昀峰. ASP.NET3.5 简明教程［M］. 北京：清华大学出版社，2010

[3] 马月坤，刘亚志，李志昕. ASP.NET Web 应用开发［M］. 北京：清华大学出版社，2016

[4] 李学勇. ASP．NET Web 程序设计［M］. 长沙：国防科技大学出版社，2017

[5] 房大伟，吕双，刘云峰. ASP．NET 编程宝典［M］. 北京：北京邮电大学出版社，2013

扫一扫获取

本书课件